ÉTUDES MONTAIGNISTES
21

Inventaire des fonds Montaigne conservés à Bordeaux

Cet ouvrage a été publié pour la première fois en 1995 dans la collection *Études montaignistes* dirigée par Claude Blum.

Louis Desgraves

Inventaire des fonds Montaigne conservés à Bordeaux

PARIS
CLASSIQUES GARNIER

Louis Desgraves, ancien conservateur de la bibliothèque municipale de Bordeaux et inspecteur général des bibliothèques, a consacré ses travaux de recherches à la bibliographie et l'histoire du livre. Il est, à ce titre, le fondateur de la *Revue française d'histoire du livre*. Spécialiste de l'œuvre de Montesquieu, il a notamment publié la *Chronologie critique de la vie et des œuvres de Montesquieu* (Paris, 1998).

Réimpression de l'édition de Paris, 1995.

ISBN 978-2-406-14441-0 (livre broché)
ISBN 978-2-8124-5663-3 (livre relié)
ISSN 0986-492X

AVANT PROPOS

Chacun sait combien notre connaissance des fonds patrimoniaux des bibliothèques reste imparfaite. La raison principale en est certainement l'insuffisance des catalogues qui les signalent ou même, dans trop de cas, leur inexistence. Pourtant, aujourd'hui plus que jamais, le préalable à bien des recherches reste d'identifier et de retrouver les livres et documents.

Ayant constaté ces lacunes et besoins, la Direction du Livre et de la Lecture, au Ministère de la Culture, a, pour y faire face, décidé de créer, il y a une dizaine d'années, une collection, *Patrimoine des Bibliothèques,* dont le but est précisément d'accueillir des travaux consacrés aux fonds les plus importants des bibliothèques et de les faire connaître. Les quelques titres qui y ont paru, encore bien peu nombreux, permettent déjà cependant d'entrevoir l'extrême utilité de l'entreprise. Je n'en veux pour preuve que les deux ouvrages dont ont fait l'objet les bibliothèques bordelaises, le magnifique *Catalogue des périodiques anciens (1600-1789) conservés à la Bibliothèque municipale de Bordeaux,* par le professeur Robert Granderoute, en 1987, et le tout récent (1992) *Catalogue collectif des fonds occitans des Bibliothèques publiques de Bordeaux,* par Christian Bonnet.

On souhaite donc maintenant que la collection se développe rapidement car ce seront autant d'instruments de travail qui seront ainsi mis à la disposition des spécialistes qui, à cette occasion, verront grandement facilitée une partie de leurs recherches bibliographiques et documentaires. A elle seule la Bibliothèque municipale de Bordeaux, où les décennies et presque les siècles ont réuni un ensemble incomparable de fonds très divers et souvent importants, mériterait assurément de bénéficier de nombreux travaux de cette nature Ces derniers pourraient, par exemple, être consacrés à Montesquieu ou à François Mauriac, aux collections de post-incunables ou de partitions musicales, aux fonds de documents iconographiques ou numismatiques, ... Il serait aisé de composer un abondant programme de travail.

Ici, en dehors de cette collection, c'est un *Inventaire des fonds Montaigne conservés à Bordeaux* qui nous est proposé. On peut considérer qu'il y a là en effet une priorité et pas seulement parce que 1992 a été l'année du IVème centenaire de la mort de l'écrivain et philosophe. Les bibliothèques bordelaises sont en effet très riches, et l'on ne s'en étonnera pas, en documents de toute nature relatifs à l'ancien maire de la ville. Le fonds de la Bibliothèque municipale de Bordeaux est même, on pourra le constater en consultant l'*Inventaire*, d'une importance extraordinaire, il est l'un des plus précieux de ceux qui existent dans ce domaine et certainement celui qui conserve, avec en tout premier lieu l'Exemplaire de Bordeaux, quelques-unes des pièces les plus remarquables.

De ce gisement documentaire exceptionnel, Monsieur Louis Desgraves, et beaucoup lui en sauront le plus grand gré, a voulu fournir une liste complète, avec des éléments descriptifs, des références bibliographiques, les cotes. On ne peut rêver instrument plus utile, pratique et aussi, mais personne n'en sera surpris, mieux fait car, est-il besoin de le rappeler, l'auteur est actuellement, sans aucun doute, à la fois l'un de nos bibliographes les plus compétents, le meilleur connaisseur des collections bordelaises concernées et lui-même, et ce n'est pas le moins important, un spécialiste de Montaigne.

Pierre BOTINEAU
Conservateur général
de la Bibliothèque Municipale
Classée de Bordeaux

INTRODUCTION

A Bordeaux où Simon Millanges a imprimé les deux premières éditions des *Essais*, en 1580 et 1582, dans cette cité dont Michel Montaigne fut maire à deux reprises et où ses cendres reposent dans l'ancien couvent des Feuillants, les études montaignistes n'ont cessé d'être à l'honneur et d'apporter une contribution essentielle à l'établissement du texte des *Essais* et à l'approfondissement de la pensée de leur auteur.

Dès le XVIe siècle, Florimond de Raemond (vers 1540-1600), successeur de Montaigne au Parlement et son ami, consigna sur un exemplaire des *Essais*, malheureusement perdu, des notes manuscrites dont quarante-et-une ont été transcrites par François de Lamontaigne (1724-1812) dans les marges d'un exemplaire de l'édition Coste des *Essais* de 1754 (I 3a.-42)[1]. Françoise de Lachassaigne, la veuve de Montaigne, donna au couvent des Feuillants le célèbre "exemplaire de Bordeaux" des *Essais*.

Résidant le plus souvent à Bordeaux de 1576 à 1594, Pierre Charron (1541-1603) se lia intimement avec Montaigne ; son ouvrage le plus connu, *De la Sagesse, livres trois*, fut publié pour la première fois à Bordeaux en 1601. La fortune *De La Sagesse* est liée à celle des *Essais*. Charron était considéré comme l'héritier spirituel de Montaigne, au point que les lecteurs du XVIIe siècle le lisaient davantage que son ami.

Au XVIIIe Siècle, Montesquieu qui voyait en Montaigne "l'homme qui pense"[2], possédait quatre ouvrages portant l'ex-libris de l'auteur des *Essais*. Outre le Jean Masuer (II-4) actuellement à la Bibliothèque municipale, il conservait un Quinte-Curce de 1545 enrichi dans les

---

1 Pierre Bonnet, "Une nouvelle série d'annotations de Florimond de Raemond aux *Essais* de Montaigne", dans *Bulletin de la Société des Amis de Montaigne*, avril-juin 1959, p. 10-23.

2 Montesquieu, *Pensées*, 633.

marges de nombreuses annotations[3], un Homère, en grec, de 1525[4], annoté aussi par Montaigne, un Eusèbe Pamphile de 1545[5].

L'Académie royale des sciences, belles-lettres et arts de Bordeaux[6] mit, en 1770, l'éloge de Montaigne au concours, sur la proposition de Charles-Marguerite-Jean-Baptiste Mercier Dupaty avocat général au Parlement. Le prix devait être décerné en 1772. L'Académie reçut deux mémoires[7] qui ne furent pas jugés dignes d'être couronnés. Le second était l'oeuvre du bénédictin Dom Devienne (1728-1792), auteur d'une *Histoire de la ville de Bordeaux* (1771). Il publia, en 1773, une *Dissertation sur la religion de Montaigne* rééditée, l'année suivante, à Paris, sous le titre d'*Eloge historique de Michel de Montaigne et dissertation sur sa religion*. L'Académie remit le sujet au concours l'année suivante et couronna alors la dissertation de l'abbé François-Xavier Talbert (1715-1803), chanoine de Besançon, publiée sous le titre suivant : *Eloge de Michel de Montaigne, qui a remporté le prix d'éloquence de l'Académie de Bordeaux en 1774*. Le fils de Montesquieu, Jean-Baptiste de Secondat, présenta, en 1772, à l'Académie, une *Apologie de Montaigne*[8].

Président à la Cour des Aides de Guyenne, ami très cher de Montesquieu, Jean Barbot (1695-1771) avait acquis quatre volumes de la bibliothèque de Montaigne (II.-16 ; II.-18 ; II.-22 et II.-23). Admirateur de Montaigne, il entreprit de démasquer les faussaires qui fabriquaient des *Essais* avec additions manuscrites à l'imitation de l'exemplaire annoté conservé au couvent des Feuillants. Il étudia donc l'"exemplaire de Bordeaux" et en lui comparant les prétendues additions manuscrites du volume parvenu entre ses mains, il constata qu'elles étaient "le fruit d'une fraude intéréssée". Il l'établit dans une

3 *Catalogue de beaux livres anciens et modernes provenant de la bibliothèque du château de La Brède*, Paris, 1926, II, 272. Cet exemplaire est conservé à la Fondation Martin Bodmer Cologny-Genève.

4 *Ibidem*, I, 195.

5 *Ibidem*, I, 271.

6 Paul Courteault, "Montaigne et l'Académie de Bordeaux", dans *Actes de l'Académie de Bordeaux*, 5e série, t. IX, 1932-1933, p. 313-322.

7 B. M., ms 828, t. CIV, n°s 1 et 2.

8 Ce texte est conservé dans les archives du château de La Brède.

dissertation lue à ses confrères de l'Académie de Bordeaux, malheureusement perdue[9].

L'initiative de Barbot ne demeura pas isolée ; elle fut le point de départ d'une démarche qui est à l'origine de toutes les tentatives faites pour établir, à l'aide de l'exemplaire des Feuillants, une édition critique des *Essais*. Le promoteur de cette démarche fut un homme de lettres, jusqu'alors connu pour avoir publié des petits vers qui lui valurent d'être remarqué par Voltaire, François de Neufchâteau. En septembre 1777, il était à Bordeaux. S'intéressant à l'agronomie mise à la mode par les Physiocrates, il alla à Castillon rendre visite au médecin Jean-Baptiste Aymen (1729-1784), membre de l'Académie de Bordeaux et connu comme botaniste. Aymen lui révéla l'existence de l'exemplaire des Feuillants et les recherches auxquelles s'était livré Barbot pour mettre en lumière l'exceptionnelle valeur de ce document. A Bordeaux, les Feuillants lui communiquèrent le précieux exemplaire : "Par l'examen approfondi, écrit-il, qu'il m'a été permis de faire du manuscrit déposé chez les Feuillants, j'ai reconnu que Mlle de Gournay n'avait point donné le texte pur des *Essais* ; qu'elle s'est meslée d'ajouter, de retrancher, de changer et que les éditions des *Essais* données depuis par Coste sont fautives et incomplètes ; qu'ainsi il serait nécessaire de donner un Montaigne corrigé et *restitué*, si je peux dire".

Avant d'entreprendre ce travail, François de Neufchâteau écrivit, le 5 octobre 1777, à l'abbé Louis-Mathieu Desbiey (vers 1732-1817), bibliothécaire de l'Académie de Bordeaux, pour lui demander de lui communiquer la dissertation de Barbot et quelques éditions anciennes des *Essais*, "pour vérifier beaucoup de choses laissées en doute, et, si j'ose dire, en friche par le commentateur Coste". La lettre de François de Neufchâteau dut demeurer sans réponse, car les papiers de Barbot avaient été détruits après sa mort. Lorsque François de Neufchâteau

---

9 Paul Courteault, "L'exemplaire de Bordeaux au XVIIIe siècle", dans *Bulletin de la Société des Amis de Montaigne*, 1940, p. 54-56. -Louis Desgraves, "L'Exemplaire de Bordeaux des *Essais* de Montaigne", dans *Revue française d'histoire du livre*, 1980, p.373-392. Pierre Botineau, "L'Exemplaire de Bordeaux" dans *Montaigne 1533-1592*, Bordeaux, 1992, p. 43-76.

revint à Bordeaux, en 1783, afin de s'y embarquer pour Saint-Domingue, il ne fut plus question de Montaigne et de l'exemplaire des Feuillants.

Deux autres membres de l'Académie, on le verra plus loin, François de Lamontaigne et François de Paule Latapie possédaient des livres de la bibliothèque de Montaigne.

Aux XIXe et XXe siècles, les érudits et les bibliophiles bordelais n'ont cessé de porter un intérêt sans cesse renouvelé à Montaigne. Jules Delpit (1808-1892), un des fondateurs de la Société des Bibliophiles de Guyenne, a publié, entre autres documents, en 1877, dans le tome II des Tablettes des Bibliophiles de Guyenne, l'*Inventaire de la collection des ouvrages et documents sur Michel de Montaigne et lettres de Françoise de La Chassaigne recueillis par MM. Gabriel Richou et Roborel de Climens.* Reinhold Dezeimeris (1835-1914), conservateur de la Bibliothèque municipale, et Henri-Auguste Barckhausen (1834-1914), professeur à la Faculté de droit, ont, de 1870 à 1873, sous l'égide de la Société des Bibliophiles de Guyenne, réédité le texte des *Essais* de 1580, accompagné des variantes des éditions de 1582 et 1587[10]. Entre 1906 et 1933, Fortunat Strowski, François Gébelin et Pierre Villey ont édité l'édition municipale des *Essais* qui, depuis, n'a cessé de servir de base aux éditeurs du texte de Montaigne.

En 1933, le 4e centenaire de la naissance de Montaigne fut marqué à Bordeaux par une exposition organisée dans les salons de l'Hôtel de Ville et consacrée à *Montaigne, ses livres, ses amis, son temps*, par l'édition d'un *Album iconographique* et par la publication des conférences organisées par la Ville de Bordeaux et prononcées, du 26 mars au 3 avril 1933, par André Lamandé, Paul Courteault, Paul Laumonier, Maurice Creyx, Max Bonnafous, Georges Hubrecht, Gaston Guillaumie et René Galland[11].

---

[10] Raymond Darricau, "A l'origine des études montaignistes : la première édition critique des *Essais* (1580) publiée en 1870-1873 par la Société des Bibliophiles de Guyenne", dans *Revue française d'histoire du livre*, 1980, p. 421-458.

[11] *IVe Centenaire de la naissance de Montaigne 1533-1933. Conférences organisées par la Ville de Bordeaux et Catalogue des éditions françaises des Essais*, Bordeaux, Delmas, 1933, 388 p.

André Masson (1900-1986), alors conservateur de la Bibliothèque municipale de Bordeaux, a présenté au Congrès national des Sociétés savantes réuni à Bordeaux en 1939 une communication retraçant l'histoire des livres de la bibliothèque de Montaigne conservés à la Bibliothèque municipale et en dressant la liste[12].

Pour commémorer le 4e centenaire de la mort d'Etienne de La Boétie, la Société des Amis de Montaigne dont la section bordelaise était animée par son vice-président, Georges Palassie (1891-1970), réunit à Bordeaux et à Sarlat, du 1er au 4 juin 1963, le 1er Congrès international des études montaignistes[13].

L'exposition organisée à la Bibliothèque municipale, au mois d'octobre 1966, pour célébrer le centième anniversaire de la création de la Société des Bibliophiles de Guyenne, présenta, entre autres documents, les vingt-six ouvrages provenant de la bibliothèque de Montaigne[14].

Du 7 au 10 juin 1980, la Société des Amis de Montaigne animée à Bordeaux par M. Jacques de Feytaud, son Président régional et son Vice-Président national, a réuni à Bordeaux, à Montaigne et à Sarlat son Congrès international pour commémorer avec éclat le quatrième centenaire de la publication de la première édition des *Essais* par Simon Millanges en 1580[15]. La Bibliothèque municipale s'associa à cette manifestation en présentant, du 24 octobre 1980 au 3 janvier 1981, les éditions et les exemplaires les plus remarquables des *Essais* conservés dans ses collections et dont témoigne le précieux catalogue rédigé par M. Pierre Botineau[16].

---

12 André Masson, "Notes sur la bibliothèque de Montaigne", dans *Bulletin philologique et historique*, 1938-1939, Paris, 1940, p. 227-241 ; repris, dans *Bibliothèque d'Humanisme et Renaissance*, 1939, p. 475-493.

13 Georges Palassie, *Mémorial du Ier Congrès international des études montaignistes (Bordeaux-Sarlat, 1er-4 juin 1963). Suivi du texte intégral de toutes les communications*, Bordeaux, 1964, 260 p.

14 Louis Desgraves, *Figures de bibliophiles bordelais*, Bordeaux, 1966, p. 14-20, nos 6-33.

15 *Montaigne et les Essais*, 1580-1980, Paris-Genève, Champion-Slatkine, 1983.

16 *Les Essais de Montaigne. Catalogue des éditions et des exemplaires présentés par la Bibliothèque municipale de Bordeaux dans sa galerie d'exposition à*

A l'issue du Colloque international réuni à Bordeaux, au mois de mai 1992, sur le thème "Montaigne et l'Europe", M. Pierre Botineau a présenté, sous le titre, "Montaigne à la Bibliothèque municipale de Bordeaux", une exposition des ouvrages et documents les plus prestigieux du fonds Montaigne[17]. La Bibliothèque interuniversitaire a organisé, du 12 octobre au 14 novembre 1992, deux expositions intitulées, l'une "Montaigne et son Université", l'autre "Livres et médecins au temps de Montaigne"[18].

Avant de clore ce très bref aperçu des travaux essentiels consacrés à Montaigne par des Bordelais et des colloques et expositions organisés pour perpétuer le souvenir de Montaigne, on s'en voudrait de ne pas rappeler la mémoire de Pierre Bonnet qui a consacré toute sa vie studieuse à Montaigne dont il a été un des meilleurs connaisseurs comme en témoigne sa *Bibliographie* [19] publiée à la veille de sa disparition.

Cette persistance, à travers les âges, du XVIe siècle à nos jours, de l'intérêt porté à Montaigne, explique, en grande partie du moins, l'importance des fonds Montaigne conservés dans les dépôts publics de Bordeaux. Si les collections les plus importantes et les plus prestigieuses sont celles de la Bibliothèque municipale, elles sont utilement complétées par des éditions et des documents appartenant à la Bibliothèque interuniversitaire, à la Bibliothèque du Grand Séminaire, aux Archives départementales de la Gironde, aux Archives municipales de Bordeaux et au Musée d'Aquitaine.

---

l'occasion du IVe centenaire de la première édition (Bordeaux, Simon Millanges, 1580), par Pierre Botineau, Bordeaux, 1980, 64 p.

17 Pierre Botineau, "Montaigne à la Bibliothèque municipale de Bordeaux", dans *Montaigne et l'Europe. Actes du colloque international de Bordeaux (1992)*, Paris, Editions interuniversitaires, p. 271 et s.

18 *Bibliothèque Inter Universitaire de Bordeaux. Expositions : "Montaigne et son Université" à la Bibliothèque universitaire Lettres et Sciences humaines. "Livres et médecins au temps de Montaigne" à la Bibliothèque universitaire de médecine*, Bordeaux, 1992, 9-7 p.

19 Pierre Bonnet. *Bibliographie méthodique et analytique des ouvrages et documents relatifs à Montaigne (jusqu'à 1975). Avec une préface de Robert Aulotte*, Genève-Paris, Editions Slatkine, 1983, 586 p.

Avec le fonds de la Bibliothèque nationale, à Paris, qui conserve, en particulier, la collection réunie par le docteur Jean-François Payen[20], la Bibliothèque municipale de Bordeaux possède le fonds de livres et de documents se rapportant à Montaigne, le plus important de tous ceux qui existent de par le monde[21], avec l'Exemplaire de Bordeaux des *Essais* et le *Livre de raison*.

Depuis la fondation de la Bibliothèque par Jean-Jacques Bel, en 1736, ses collections n'ont cessé de s'accroître par les confiscations et les dépôts de l'État, par les dons et legs consentis à la Bibliothèque, par des acquisitions faites à titre onéreux dans les ventes publiques, auprès de libraires de livres anciens et de particuliers.

Parmi les ouvrages du fonds primitif de la Bibliothèque, deux éditions de Montaigne (I 3a.-26 et I 4.-2) et trois livres de sa bibliothèque (II.-18, II.-22 et II.-23) portent le cachet de l'Académie de Bordeaux. Le Président Jean Barbot, un des bienfaiteurs de l'Académie possédait quatre livres de la bibliothèque de Montaigne cités plus haut.

A la suite de la confiscation, au moment de la Révolution de 1789, des bibliothèques ecclésiastiques et laïques de Bordeaux et de sa région, regroupées dans l'ancien couvent des Feuillants, la Bibliothèque municipale a recueilli des éditions des oeuvres de Montaigne revêtues des ex-libris d'institutions religieuses : Capucins de Bordeaux (I 6.-2), Carmes déchaux des Chartrons (I 3a. 10, II.-1, II.-7, II.-17, II.-21, II.-24 et II.-26), Collège des Jésuites (II.-9, II.-12 et II.-20), Congrégation de la Mission (II. 13), Feuillants (I 3a.-5 et I 3a.--7), Franciscains (I.-3a.-20 et I 3c.-2), Récollets, (II.-11), Sainte-Croix (II.-10). Quelques-uns de ces volumes portent aussi des ex-libris de Martial Deschamps, médecin de Bordeaux, originaire du Périgord (II.-18), de Jean-Louis Du Sault, avocat à Bordeaux de 1657 à 1702 (II.-19), de Marie Le Jars de Gournay (I 3a.-15 et I 3a.-24), etc.

---

20 Gabriel Richou, *Inventaire de la collection des ouvrages et documents réunis par J. -F. Payen et J. -B. Bastide sur Michel de Montaigne*, Paris, 1878. Réimprimé : Amsterdam, B. R. Gruner, 1972, XVII-396 p.

21 Pierre Botineau, "Le fonds Montaigne de la Bibliothèque de Bordeaux", dans *Revue française d'histoire du livre*, 1993, p.137-154.

L'étude de ces ex-libris permet de connaître les possesseurs successifs d'ouvrages de la librairie de Montaigne après que sa seule fille survivante, Léonore de Montaigne, les ai légués par son testament, en date du 4 mars 1615, à Godefroy de Rochefort, grand-vicaire d'Auch[22].

Au moment de la loi de Séparation de l'Église et de l'État, les livres de la bibliothèque du Grand Séminaire de Bordeaux ont été partagés entre la Bibliothèque universitaire et la Bibliothèque municipale, en 1911 ; entre autres ouvrages, cette dernière a reçu quatre livres portant l'ex-libris autographe de Montaigne[23].

Depuis le milieu du XIXe siècle, les conservateurs successifs de la Bibliothèque de Bordeaux n'ont cessé d'accroître le fonds Montaigne par des acquisitions faites au cours de ventes publiques ou à des libraires de livres anciens. Le 28 juin 1875, les mss. 739 et 740 ont été achetés à une vente d'autographes faite par Charavay. Cinq ouvrages proviennent de la vente, en 1914, de la bibliothèque de Reinhold Dezeimeris (1835-1913), conservateur de la Bibliothèque de Bordeaux de 1885 à 1890 (I 3a.-6, I 3a.-11, I 3a.-13, I 3a.-50, I 7.-1). Aucun ouvrage de Montaigne n'a été acheté à la vente de la collection d'Ernest Labadie, en 1918. Ce bibliophile possédait, cependant, deux documents prestigieux acquis depuis par la Bibliothèque : en 1982, le terrier de Montaigne, et, en 1991, un exemplaire des *Essais* de 1588 revêtu de quelques notes autographes de Montaigne. Deux éditions des *Essais* (I 3a.-42 et I 3a.-52) proviennent de la vente de la bibliothèque, en 1924, de Philippe-Louis de Bordes de Fortage (1846-1924).

Le *Livre de raison* de Montaigne présenté à l'exposition de 1933 par Anatole de Monzie, ministre de l'Instruction publique, n'avait pu être acheté, faute de ressources suffisantes, au cours d'une vente publique à Londres, en 1939. Il fut alors acquis par Lucius Wilmerding ; à la mort de ce bibliophile, ce précieux document fut

---

22 Louis Desgraves, "La Librairie de Montaigne", dans *Histoire des bibliothèques françaises. Les Bibliothèques sous l'Ancien Régime 1530-1789, sous la direction de Claude Jolly*, Paris, Promodis, Edition du Cercle de la Librairie, 1988, p. 94-95.

23 André Masson "Notes sur la bibliothèque de Montaigne", *art. cit.*, p. 227-228.

vendu à New York. Grâce à l'action de Julien Cain, Administrateur général de la Bibliothèque nationale et Directeur des Bibliothèques, et de M. Jacques Chaban-Delmas, Maire de Bordeaux, il fut acheté, au nom de la Ville de Bordeaux, par M. Pierre Bérès, pour la somme de 21.000 dollars, soit 7.400.000 f., et remis par Julien Cain à M. Chaban-Delmas, le 17 avril 1951, dans le Salon d'honneur de la Bibliothèque nationale[24].

Une édition des *Essais* de 1659 (I 3a.-32) revêtue de l'ex-libris de Jean Racine a été acquise, le 26 février 1975 à l'Hôtel Drouot pour 8000 F. Au mois de septembre 1982, le Terrier de Montaigne a été acquis, au cours d'une vente publique à Cologne, tandis que, le 25 mars 1991, la Ville de Bordeaux achetait, avec l'aide du Ministère de la Culture, pour la somme de 1.470.000 F, un exemplaire des *Essais* de 1588 enrichi de sept corrections de Montaigne.

Parmi les acquisitions faites auprès de particuliers, on notera l'achat de documents intéressant Montaigne (ms. 738) à l'abbé Germain Sabatier (1805-1875), d'un livre provenant de la bibliothèque de Montaigne (II.-3) acheté, en 1857, à Jules Delpit, d'une édition des *Essais* de 1640 (I 3a.-26) achetée, en 1920, à Paul Fourché (1840-1922).

Plusieurs personnes privées ont donné à la Bibliothèque municipale la totalité de leurs ouvrages parmi lesquels se trouvent des éditions de Montaigne : Jean-Charles Sédail (1804-1868), Paul Bonnefon (1861-1921), Géo Chalus (1869-1960), Auguste Pujolle (1880-1965), Paul Duhart (1896-1970). A côté de ces donations, on notera les dons effectués par en 1935 par Auguste Salles (I 3c.-32), G. Percival Best, en 1947 (I 3a.--14) et Richard Chapon, en 1980 (I 3a.-97).

Cet Inventaire est le résultat d'une enquête menée dans les bibliothèques et archives de Bordeaux, afin de tenter de rassembler une documentation incomparable et de fournir, ainsi, aux spécialistes de Montaigne une connaissance précise de ces fonds. L'importance de la

---

24 Louis Desgraves, "Le Livre de raison de Montaigne à la Bibliothèque municipale de Bordeaux", dans *Bulletin de la Société des Bibliophiles de Guyenne*, 1951, p. 1-2.

documentation iconographique conservée dans ces dépôts nous a conduit, non sans regrets, à ne pas la prendre en compte et donc à limiter notre travail aux manuscrits et éditions de Montaigne, aux ouvrages provenant de sa bibliothèque et aux documents originaux concernant sa vie et sa famille.

Pour les ouvrages, la notice comprend le titre, suivi de la date et du format. La description de chaque volume est suivie de sa cote dans l'établissement qui le conserve[25], accompagnée des particularités de l'exemplaire décrit : reliure, ex-libris, notes manuscrites, etc. Chaque fois que cela a été possible, on s'est efforcé de reconstituer l'histoire de l'exemplaire décrit, de retrouver quelques-uns, au moins, de ses possesseurs, et de donner, éventuellement, sa date d'achat et le prix d'acquisition.

Au terme de ce travail, nous tenons à remercier M. Pierre Botineau, conservateur général de la Bibliothèque municipale de Bordeaux, Madame Hélène de Bellaigue, conservateur des fonds patrimoniaux et ses collaborateurs ; sans les facultés de recherche qu'ils nous ont donné, sans les informations qu'il nous ont fournis, cet Inventaire n'aurait pas pu être mené à bien. Nos remerciements s'adressent aussi à M. Guy Dussaussois, conservateur à la Bibliothèque interuniversitaire de Bordeaux, au Père Etchacopar, responsable de la Bibliothèque du Grand Séminaire, à M. Jean-Paul Avisseau, conservateur en chef des Archives municipales de Bordeaux, à M. Jean Valette, Directeur des Services d'Archives du département de la Gironde, à M. Jean-Yves Boscher, conservateur au Musée d'Aquitaine. Notre reconnaissance va aussi au Centre régional des lettres d'Aquitaine, à son Président, M. Gérard Fayolle, à son Directeur, M. Eric des Garets qui, par leur aide morale et financière, ont permis la publication de cet Inventaire. Elle s'adresse, enfin, à M. Claude Blum qui en a accepté l'édition dans les *Études montaignistes* de la Librairie Honoré Champion.

Louis DESGRAVES

[25] Les cotes qui ne sont pas précédées de cette indication sont celles de la Bibliothèque municipale.

Abréviations

A. D. =Archives départementales de la Gironde. Bordeaux.

A. H. G. =*Archives historiques du département de la Gironde.* Bordeaux

A. M. =Archives municipales. Bordeaux.

Album Montaigne=*Montaigne 1533-1933. Ville de Bordeaux*, XXXVIII pl.

B. I. U. =Bibliothèque interuniversitaire. Bordeaux.

B. M. =Bibliothèque municipale. Bordeaux.

Bonnefon=Paul Bonnefon, "La Bibliothèque de Montaigne", dans *Revue d'histoire littéraire de la France*, 1895, p. 313-371.

Bordes de Fortage (Catalogue)=*Catalogue de la bibliothèque de M. Ph. L. de Bordees de Fortage.* Bordeaux, 1924-1927, 3 vol.

Catalogue (1933)=*Montaigne. Ses livres, ses amis, son temps. Exposition organisée par la ville de Bordeaux à l'occasion du IVe centenaire de Michel de Montaigne 1533-1933. Salons de l'Hôtel de Ville. Catalogue.* Bordeaux, 1933, 40 p.

Catalogue (1936)=*Ville de Bordeaux. IIe centenaire de la Bibliothèque publique 1736-1936. Catalogue de l'exposition organisée à la Bibliothèque de la Ville.* Bordeaux, 1936, 74 p.

Catalogue (1957)=*Ville de Bordeaux. La vie intellectuelle à Bordeaux aux XVIe et XVIIe siècles. Exposition organisée à la Bibliothèque municipale à l'occasion du 82e Congrès national des Sociétés savantes.*

Catalogue par Louis Desgraves. Bordeaux, 1957, 128 p. Catalogue (1966)=*Figures de bibliophiles bordelais. Exposition organisée à la Bibliothèque municipale de Bordeaux pour célébrer le centième anniversaire de la fondation de la Société des Bibliophiles de Guyenne (1866-1966). Catalogue par Louis Desgraves.* Bordeaux, 1966, 94 p.

Catalogue (1980)=*Les Essais de Montaigne. Catalogue [par Pierre Botineau] des éditions et des exemplaires présentés par la*

Bibliothèque municipale de Bordeaux dans sa galerie d'exposition à l'occasion du IVe centenaire de la première édition (Bordeaux, Simon Millanges, 1980). Bordeaux, 1980, 64 p.

Catalogue (1992)="Montaigne à la Bibliothèque municipale de Bordeaux par Pierre Botineau", dans *Montaigne et l'Europe. Actes du colloque international de Bordeaux (1992). Textes réunis et présentés par Claude-Gilbert Dubois.* Paris, Editions Interuniversitaires, 1992, p. 271 et s.

Catalogue (B. I. U. 1992)=*Bibliothèque inter-universiataire de Bordeaux. Commémoration du 4e centenaire de la mort de Montaigne.* Bordeaux, octobre 1992.

Delpit (Catalogue)=*Collection Jules Delpit Vente du mercredi 24 mai au mardi 30 novembre 1897. Livres anciens et modernes,* Bordeaux, Me Boudin, commissaire-priseur ; J.-B. Brouillier (Librairie Vve Moquet), 82 p., 1182 n°s.

Dezeimeris (Catalogue)=*Catalogue de la bibliothèque de feu M. Reinhold Dezeimeris... Première partie.* Bordeaux, Marcel Mounastre-Picamilh, 1914, 156 p.

Gergerès=J.-B. Gergerès. *Histoire et description de la bibliothèque publique de la ville de Bordeaux et aperçu des principaux ouvrages, soit manuscrits, soit imprimés qu'elle renferme.* Paris, Derache ; Bordeaux, Coderc, Degréteau et Poujol, 1864, 276 p.

Labadie (Catalogue)=*Catalogue de la bibliothèque de feu M. Ernest Labadie.* Bordeaux, Marcel Mounastre-Picamilh, 1918, 412 p.

Lamontaigne (Catalogue)=*Catalogue de l'importante bibliothèque de M. de Lamontaigne ancien conseiller au Parlement de Bordeaux. Cette Bibliothèque, composée dix mille volumes d'ouvrages anciens dépend aujourd'hui de la succession de M. le baron d'Adler. Elle sera vendue par le ministère de Me Barincou, commissaire priseur, le mercredi 15 avril prochain, à midi et jours suivants, dans la salle du Casino, située à Bordeaux, rue Rolland, 12.* Bordeaux, Imprimerie G. Gounouilhou, successeur de H. Faye, 1857, 60 p.

Masson= André Masson, "Notes sur la bibliothèque de Montaigne", dans *Bulletin philologique et historique, 1938-1939*, Paris, 1940, p. 227-241.

Montesquieu (Catalogue)=*Catalogue de la Bibliothèque de Montesquieu publié par Louis Desgraves*. Genève, Librairie Droz ; Lille, Librairie Giard, 1954, XX-278 p.-(Société de publications romanes et françaises sous la direction de Mario Roques. XLIII).

Montesquieu (1939)=*Ville de Bordeaux. Exposition des manuscrits de Montesquieu acquis à la vente du 23 février 1939 accompagnés d'un choix de livres, estampes et oeuvres d'art relatifs à Montesquieu et ses amis*. [Catalogue par André Masson]. Bordeaux, 1939, 53 p.

Montesquieu (1948)=*Ville de Bordeaux. Montesquieu et L'Esprit des lois. Exposition organisée dans les Salons de l'Hôtel de Ville de Bordeaux pour célébrer le deuxième centenaire de la publication de L'Esprit des lois* [Catalogue par Louis Desgraves]. Bordeaux, 1948 68 p

Montesquieu (1955)=*Ville de Bordeaux. Montesquieu (1689-1755). Exposition organisée à la Bibliothèque municipale pour commémorer le deuxième centenaire de la mort de Montesquieu* [Catalogue par Louis Desgraves. Préface de Julien Cain]. Bordeaux, 1955, 148 p.

Roullet(Catalogue)=*Catalogue de livres provenant de la succession de M. Charles-Aimé Roullet, ancien premier président de la Cour d'appel de Bordeaux. La vente aura lieu par le ministère de M. Barincou, commissaire priseur. Dans la salle du Cours de Tourny, n° 53, le mardi 1er juillet 1851*. Bordeaux, imprimerie de P. Coudert, 51 p.

Sayce-Maskell=R. A. Sayce et David Maskell. *A Descriptive Bibliography of Montaigne's Essais 1580-1700*. London, The Bibliographical Society, 1983, 222 p.

Sayce (1970)=R. A. Sayce, "Cancels in Montaigne's Journal de voyage, 1774", dans *Australian Journal of French Studies*, VII, 1970, p. 264-270.

Villey (1933)=Pierre Villey *Les sources et l'évolution des Essais de Montaigne 2e édition.* Paris. Hachette, 1933,t. I, p. 51-280 : Les lectures de Montaigne et leur chronologie.

I. ŒUVRES DE MONTAIGNE

I. 1. Oeuvres complètes

I. 1.-1. Oeuvres de Michel de Montaigne avec une notice biographique par J. A. C. Buchon.-Paris, A. Desrez (impr. par les presses mécaniques de E. Duverger), 1837.-In-4°, 26 cm., XLVIII-806 p. Texte imprimé sur deux colonnes.-(Panthéon littéraire, t. III). S 994.-Catalogue (1933), 162. M. F. 19701.

B. I. U. : 13919. Sur la page de titre, cachet à l'encre : "Ex-libris Arsène Darmesteter 1846-1888".

I. 1.-2. Oeuvres complètes de Michel de Montaigne.-Paris, Louis Conard, 1924-1941.-In-8°, 18 cm., 12 vol.

Tomes I-VI : Les Essais. Texte du manuscrit de Bordeaux, étude, commentaires et notes par le Dr. A. Armaingaud.-Paris, Louis Conard, 1924-1927.-In-8°, 18cm., 6 vol. Portrait.

Tomes VII-VIII : Journal de voyage en Italie. Études, commentaires et notes par le Dr. A. Armaingaud.-Paris, Louis Conard, 1928-1929.-In-8°, 18 cm., 2 vol.

Tomes IX-X : La Théologie naturelle de Raymond Sebon. Traduite nouvellement en François par Michel Seigneur de Montaigne chevalier de l'ordre du Roy et gentilhomme ordinaire de sa chambre. Suivi de : la Théologie naturelle et les Théories de la traduction au XVIe siècle par Jean Porcher.-Paris, Louis Conard, 1932-1935.-In-8°, 18 cm., 2 vol.

Tome XI : Discours de la Servitude volontaire. Lettres. Éphémérides. Notes marginales. Étude, commentaires et notes par le Dr. A. Armaingaud. Observations et étude du Dr. Payen. Textes établis par Mlle. Jeanne Duportal.-Paris, Louis Conard, 1939.-In-8°, 18 cm., 312 p.

Tome XII : Annotations sur les "Annales" de Nicole Gilles. Annotations sur le "Quinte-Curce" de Froben. Inscriptions de la "Librairie". Notes par le Dr. A. Armaingaud. Études et

commentaires par R. Dezeimeris. Textes établis et présentés par Mlle. Jeanne Duportal-Paris, Louis Conard, 1941.-In-8°, 18 cm., 438 p.
P. F. 3778.-Catalogue (1933), 178.
D. U. 9248.
B. I. U. : 99452.
A. D. : I/C. 61, tomes VII et VIII seuls.

I. 1.-3. Montaigne. Oeuvres complètes. Textes établis et présentés par Albert Thibaudet et Maurice Rat.-Paris, N. R. F., 1967.-In-8°, 17 cm., XXIV-1791 p.-(Bibliothèque de la Pléiade 14).
Coll. 465/14ter : Jaquette de l'éditeur.-Catalogue (1980), 71.
B. I. U. : N. 120-37 ; L 312. 002.

I. 1.-4. Montaigne (Michel Eyquem de). Oeuvres complètes. Préface d'André Maurois. Texte établi et présenté par Robert Barral, en collaboration avec Pierre Michel.-Paris, Ed. du Seuil, 1967.-In-4°, 22 cm., 624 p., portr.- (L'Intégrale).
Coll. 1589/1.
B. I. U. : N 323-17.
Grand Séminaire : 30 B2.

I. 1.-5. The Complete Works of Michael de Montaigne, comprising : the Essays (translated by Cotton) ; the Letters ; The Journey into Germany and Italy ; now first translated ; a life by the editor ; notes from all the commentators ; the critical opinions of eminent authors on Montaigne ; the Eloges of. M. M. Jay and Villemain ; a bibliographical notice of all the editions ; and copious indexes, by William Hazlitt.-London, J. Templeman, 1842.-In-8°, 16 cm., XCI-660 p.
M. F. 4887.

I. 2. Correspondance.

I. 2.-1. Une lettre inédite de Montaigne accompagnée de quelques recherches à son sujet précédée d'un avertissement et suivie de l'indication détaillée d'un grand nombre de soustractions et mutilations qu'a subies depuis un certain nombre d'années le département des manuscrits de la Bibliothèque nationale. Par Achille Jubinal.-Paris, Didron, 1850.-In-8°, 20, 5 cm., XVII-116 p. Lettre de Montaigne à Henri IV, 18 janvier 1590.

H 18618/2.

A. P. 19409 : Sur la couverture brochée de l'éditeur étiquette collée : "Chez Auguste Aubery, Libraire, 16, rue Dauphine, à Paris".

P. F. 25007 : avec la même étiquette.

D. U. 14668.

I. 2.-2. Lettres inédites de Michel de Montaigne et de quelques autres personnages pour servir à l'histoire du XVIe siècle publiées par M. Feuillet de Conches, ...-Paris, Henri Plon, 1863.-In-8°, 24 cm., VIII-320 p.-(Extrait des *Causeries d'un curieux*, t. III).

M. F. 431 Rés. : exemplaire n° 59.-Catalogue (1933), 199.

M. F. 9317.

M. F. 18426 Rés. : rel. demi chagrin rouge.

I. 2.-3. Une nouvelle lettre de Montaigne au Roi, [7 juillet 1583] publiée et annotée par Émile Du Boys.-Paris, Léon Techner, 1886. In-12, 21 cm, 9 p.-(Extrait du *Bulletin du Bibliophile*, janvier-février 1886).

Br. 6586/2 Rés.

D 76240/4 ;

I. 2.-4. Correspondance de Montaigne avec le maréchal de Matignon (1582-1588). Nouvelles lettres inédites publiées par L.-H. Labande.-(*Revue du seizième siècle*, tome IV, fasc. 1-2, pages 1-15).

M. F. 967.

I. 2.-5. Montaigne. Lettres. Avant-propos de Bernard Manciet.-Bordeaux, L'Horizon chimérique, 1991.-In-8°, 22 cm., 97 p. Couv. ill. en coul.-(Collection "De mémoire").

FAP usuel.

PAA 846 MON.-ROB.

I. 2.-6. Cocula (Anne-Marie). Montaigne Maire de Bordeaux : Lettres 1581-1585...-Bordeaux, Horizon chimérique, 1992.-In-4°, 25 cm., p. 60-87.
DLR 844 MON.

I. 2.-7. Lettres de Montaigne, qui n'ont paru dans aucune des Editions precedentes de les Essais - (S. l. n. d.) -In-8°, 20 cm., 52 p.
D 76214

I. 3. Essais.

I. 3. a. Editions en français.

I 3a.-1. Essais de Michel de Montaigne. Livre premier et second. -A Bourdeaus, par S. Millanges, 1580.-In-8°, 15, 5 cm.
S 4754 Rés. : Reliure moderne en basane. Corrections manuscrites en marge, parfois rognées par le relieur ; elles semblent bien ne pas être de Montaigne, voir : Reinhold Dezeimeris, "Un nouvel exemplaire annoté des Essais", dans *La Gironde*, 31 août 1881, p. 3. Les premières pages du livre premier sont mutilées et restaurées, mais une partie du texte manque aux ff. limin. et p. 1-12. Exemplaire offert à la B. M. par Émile Lalanne (1831-1909), en 1881.
Sayce-Maskell, I a et c.-Album Montaigne, pl. VI et VII.-Catalogue (1933), 116.-Catalogue (1980), 1.-Catalogue (1992), pl. I.

I. 3a.-2. Essais de Messire Michel Seigneur de Montaigne, Chevalier de l'Ordre du Roy, et Gentil-homme ordinaire de sa Chambre. Livre premier et second.-A Bourdeaus, par S. Millanges, 1580.-In-8°, 15, 5 cm. 2 vol. Bandeaux, lettres ornées, culs-de-lampe, fleuron à la page du premier titre, marque typographique à celle du second.
P. F. 6925 Rés. : La reliure du premier volume, en veau traité, dos orné est ancienne et a été restaurée par l'atelier de Toulouse en 1980. Sur la page de titre du premier volume, ex-libris manuscrit : "Grosley ad^{v}" ; mention manuscrite : "1ere Edition". Sur le f. 2v°

non chiffr., cette note, d'une écriture inconnue, peut-être celle de Grosley : "On peut appliquer à cette 1re Ed. de Montaigne comparée avec les suivantes, plus amples et plus étendues, ce que dit Montagne lui meme à son père, dans la Dédicace de la Théologie de Sebon impr. en 1568 : Il se trouvera que ces editions n'ont plus que des mots et des paroles : Marchandise si vulgaire et vile, que qui plus une, n'en vaut à l'adventure que moins". Au fol. 5r° non chiffr., une phrase manuscrite biffée et illisible, et : "Grosley adv. 1742". Au dos du plat supérieur de la reliure du second volume, ex-libris manuscrit : "Monier. Ci ce livre se vient a perdre Je prie Dieu qu'il soit rendu a Moi Monier celui qui le rendra Je lui payre une bouteille de vin blan et celui qui le rendra par le diable lemportera dans sa cabane. 1829".

Sayce-Maskell, I b et d.-Album Montaigne, pl. VIII et IX.-Catalogue (1933), 77.-Catalogue (1957), 157.-Catalogue (1980), 1. - Catalogue (1992), pl. Ibis

P. F. 6926 Rés. : Reliure moderne restaurée en 1980 par l'atelier de Toulouse.

I. 3a.-3. Essais de Michel Seigneur de Montaigne, Chevalier de l'Ordre du Roy, et Gentil-homme ordinaire de sa Chambre, Maire et Gouverneur de Bourdeaus. Edition seconde reveue et augmentée.-A Bourdeaus, par S. Millanges, 1582.-In-8°, 16 cm. Bandeaux, lettres ornées culs-de-lampe, fleuron.

P. F. 6927 Rés. : Reliure d'origine plein parchemin souple, restaurée en 1980 par l'atelier de Toulouse : un onglet de charnière en parchemin manuscrit a été monté à la fin du volume. De la p. 335 à la p. 647, la partie haute du volume a été plus ou moins endommagée par le feu, mais sans entraîner de mutilation du texte. Sayce-Maskell, 2.-Album Montaigne, pl. X.-Catalogue (1957), 158. -Catalogue (1980), 2.-Catalogue (1992), pl. II.

I. 3a.-4. Essais de Michel, Seigneur de Montaigne, Chevalier de l'Ordre du Roy, et Gentil-homme ordinaire de sa Chambre, Maire et Gouverneur de Bourdeaus. Reveus et augmentez.-A Paris, chez Jean Richer, 1587.-In-12, 13,5 cm., 4 vol. Bandeaux, lettres ornées.

S 4755 Rés. : La page de titre a disparu et a été remplacée par un fac-similé.

Sayce-Maskell, 3.-Album Montaigne, pl. XI.-Catalogue (1980), 3.

I. 3a.-5. Essais de Michel Seigneur de Montaigne. Cinquiesme edition, augmentée d'un troisiesme livre et de six cens additions aux deux premieres.-A Paris, chez Abel L'Angelier au premier pillier de la Grand Salle du Palais. Avec Privilege du Roy, 1588.-In-4°, 23,5 cm.

S 1238 Rés. : Exemplaire de Bordeaux ou Manuscrit de Bordeaux. Reliure XVIIIe siècle maroquin noir, dos, plats et chasses ornés. Sur la page de titre, ex-libris manuscrit : "Ex libris Fullens. S. Anthonii burdegal. "Sur la page de titre, Montaigne a biffé : "Cinquiesme edition… . aux deux premieres", et écrit : "Sixiesme edition. Viresque acquirit eundo" [Virgile, *Enéide*, IV, 175]. Précieux exemplaire annoté, corrigé et augmenté par Montaigne. Voir : Louis Desgraves, "L'Exemplaire de Bordeaux des Essais de Montaigne", dans *Revue française d'histoire du livre*, 1980, p. 1-22.-Pierre Botineau, "L'Exemplaire de Bordeaux", dans *Montaigne 1533-1592. Photographies de Jean Luc Chappon.* Bordeaux. 1992. p. 43-76.

Sayce-Maskell 4.-Bonnefon, XLI.-Album Montaigne, pl. XIII.-Catalogue (1933), 120.-Catalogue (1936), 78.-Catalogue (1957), 159.-Catalogue (1966), 6.-Catalogue (1980), 5.-Catalogue (1992), pl. V.

S 1238bis Rés. : Exemplaire réglé, sans la date sur la page de titre. Reliure moderne demi-chagrin.

Sayce-Maskell, 4b.-Album Montaigne, pl. XII.-Catalogue (1980), 4.

S. 1240 Rés. : Exemplaire interfolié relié en 3 volumes, avec la date de 1588 sur la page de titre.

D 11632 Rés. : Reliure de la fin du XIXe siècle, maroquin rouge de style "janséniste", doublée du même maroquin orné de motifs dorés, avec doubles gardes et tranches dorées sur marbrure, signée Thibarin et Joly. Annotations de Montaigne consistant en sept corrections ou soulignements au bas de l'Avis Au Lecteur et aux feuillets 122, 137, 242, 291, 301 et 325.

Cet exemplaire a été acquis par la B. M., avec l'aide du Ministère de la Culture, le 25 mars 1991, pour 1. 470.000 F, sur une mise à prix de 780.000 F., voir, *Vente aux enchères publiques le lundi 25 mars 1991 à 14 heures. Nouveau Drouot. salle 4.*

Auparavant, cet exemplaire avait appartenu au bibliophile bordelais Ernest Labdie, voir Labadie (Catalogue), 2108 : "Bel exemplaire grand de marges, hauteur : 250 mm. Les trois derniers mots de l'avis au lecteur : 12 juin 1588, ont été rayés à l'encre et remplacés par ceux-ci : "premier de Mars 1580", d'une écriture qu'on attribue à Montaigne" ; il a alors été vendu pour la somme de 6005 francs. Il a ensuite appartenu à M. Auguste Lambiotte, voir, *Société des bibliophiles et iconophiles de Belgique. Les Richesses de la bibliophilie belge. II. (Bruxelles), Exposition à la Bibliothèque Albert Ier du 22 octobre au 20 novembre 1966*, p. 15, n° 18.- Catalogue Auguste Lambiotte, t. I, 10 décembre 1976, n° 24, vendu 46000 F. Il a figuré, ensuite, dans le *Catalogue 74 de Livres précieux des XVIe et XVIIe siècles*, de la Librairie Pierre Bérès, au prix de 750.000 F.

A. M. /D-7/19.

I. 3a.-6. Livre des Essais de Michel Seigneur de Montaigne. Divise en deux parties. Derniere edition augmentee de deux tables tres amples des choses plus memorables contenues en icelle.-A Lyon, pour Gabriel La Grange, 1593.-In-8°, 13,8 cm. Bandeaux, lettres ornées, culs-de-lampe.

P. F. 1759 Rés. : Reliure ancienne en veau, dos orné. Le début du volume est légérement mutilé au coin inférieur droit des 170 premières pages. Quelques notes manuscrites. Provient de la bibliothèque de Reinhold Dezeimeris, voir, Dezeimeris (Catalogue), 84.

Sayce-Maskell, 5.-Catalogue (1933), 121.-Catalogue (1980), 6.

I. 3a.-7. Les Essais de Michel Seigneur de Montaigne, divisez en trois livres. Contenants un riche et rare thresor de plusieurs beaux et notables discours couchez en un stile le plus pur et orné qu'il se

trouve en notre siècle. Avec deux tables : l'une des chapitres, l'autre des choses plus memorables contenues en iceux.-Lyon, Pour François Le Febvre, 1595.-In-12, 14 cm., 3 vol. Bandeaux, letrres ornées, culs-de-lampe.
S 5080 Rés. : Reliure ancienne en basane, dos orné. Sur le v° du feuillet de garde du tome I, ex-libris manuscrit au crayon : "d'albaret" ; ex-libris manuscrit : "Regnaud fils defeur Offx". Sur la page de titre, ex-dono manuscrit : "Abrahamus Carterius". Sur le v° du feuillet de garde des tomes II et III, ex-libris manuscrit : "Ex Libris Regnaud filii causarum patroni. Regnaud fii" ; ex-libris manuscrit au crayon : "D'Albaret". Au v° du feuillet de garde, à la fin du tome III, ex-libris manuscrit : Regnauld fils".
Sayce-Maskell, 6a.-Catalogue (1933), 122.-Catalogue (1980), 8.

I. 3a.- 7bis. Les Essais de Michel Seigneur de Montaigne. Edition nouvelle, trouvee apres le deceds de l'Autheur, reveue et augmentée par luy d'un tiers de plus qu'aux precedentes Impressions.-A Paris, chez Abel L'Angelier, 1595.-In-2°, 34 cm. Bandeaux, lettres ornées, culs-de lampe, marque typographique.
S 217 Rés. : Demi-reliure veau restaurée. Le feuillet du titre est légèrement mutilé. Sur la page de titre, ex-libris manuscrit : "Ex bibliotheca fuliensis Burdegalens. " (Feuillants de Bordeaux).
Sayce-Maskell, 7A.-Catalogue (1933), 123.-Catalogue (1980), 7, avec fac-similé de la page de titre.-Catalogue (1992), pl. VI.

I. 3a.-8. Les Essais de Michel Seigneur de Montaigne. Edition nouvelle, prise sur l'exemplaire trouvé après le deceds de l'Autheur, reveu et augmenté d'un tiers outre les precedentes impressions. Viresque acquirit eundo.-A Paris, chez Abel L'Angelier, 1598.-In-8°, 18, 5 cm. Lettres ornées, bandeaux, culs-de-lampe.
S 5094 Rés. : Reliure XIXe siècle en maroquin, dentelle intérieure (Petit).
Sayce-Maskell, 8.-Catalogue (1933), 124.-Catalogue (1980), 9, avec fac-similé de la page de titre.-Catalogue (1992), pl. VII.
A. P. 27541 : Reliure veau ancienne.

I. 3a.-9. Les Essais de Michel Seigneur de Montaigne. Edition nouvelle prise sur l'Exemplaire trouvé apres le deceds de l'Autheur, reveu et augmenté d'un tiers oultre les precedentes impressions. Enrichis de deux Tables curieusement exactes et elabourées. Virésq. acquirit eundo.-A Paris, Chez Abel L'Angelier, 1602.-In-8°, 17,5 cm. Bandeaux, lettres ornées, titre gravé sur cuivre.

S 5082 Rés. : Sur le feuillet de garde, mentions manuscrites : "Il parle modestement des Essais, p. 306" ; "Catalogue" ; d'une autre écriture, peut-être celle de Jules Delpit : "J'ai acheté cet exemplaire vers l'année 1825. Je l'avais porté à Cuissy. Exemplaire un peu mutilé d'une édition rare. M. le docteur Payen n'avait d'abord pu se la procurer (notice bibliog. Paris, 1837, pag. 10). Il l'a trouvée depuis, mais privée de son frontispice. 1er supplément pag. 74. M. Rochebilière m'en a montré aujourd'hui un exemplaire qu'il vient de rencontrer. Ce 18 octobre 1847. N. Z (?)". Sur la page de titre, à deux reprises, ex-libris manuscrit : "B. Greder" ; autre ex-libris manuscrit biffé et illisible.

Sayce-Maskell, 10.-Catalogue (1933), 125.-Catalogue (1980), 10, avec fac-similé de la page de titre.-Catalogue (1992), pl. VIII.

B. I. U., Rés. 4311 : Reliure parchemin. Au v° du plat supérieur de la reliure, ex-libris imprimé : "Sanctus Amor, ex-libris P.-R. Duperray Patriae Dat animum. F. C. MCMXLV".

Catalogue B. I. U. (1992), 4.

I. 3a.-10. Les Essais de Michel Seigneur de Montaigne. Edition nouvelle prise sur l'exemplaire trouvé apres le deces de l'Autheur. Reveu et augmenté d'un tiers outre les precedentes impressions. Virésque acquirit eundo.-A Leyden, par Iean Doreau, 1602.-In-8°, 17 cm. Bandeaux, lettres ornées, culs-de-lampe, fleuron.

S 5081 Rés. : Reliure ancienne en parchemin. Au r° du feuillet de garde, ex-libris manuscrit : "Chassaing". Sur la page de titre, ex-libris manuscrit :- "ex libris Carmelitarum discal. Chartron" (Carmes déchaussés des Chartrons).

Sayce-Maskell, 11, 1602, Leiden 2.-Catalogue (1933), 126.-Catalogue (1980), 11, avec fac-similé de la page de titre.

I. 3a.-11. Les Essais de Michel Seigneur de Montaigne. Edition nouvelle prise sur l'Exemplaire trouvé apres le deceds de l'Autheur, reveu et augmenté d'un tiers oultre les precedentes impressions. Enrichis de Tables curieusement exactes et élaborées. Viresq. acquirit eundo.-A Paris, chez Abel L'Angelier, 1604.-In-8°, 16,5 cm. Frontispice gravé, bandeaux, lettres ornées, culs-de-lampe.

P. F. 1760 Rés. : Reliure veau ancien. Au v° du plat supérieur de la reliure, sur une étiquette imprimée : "Galand, Horloger, A la Ferté-sous-Jouarre". En bas de la page de titre, ex-libris manuscrit : "Barat. P. O. D. F." Acheté à la vente de la bibliothèque de R. Dezeimeris, voir Dezeimeris (Catalogue), 88.

Sayce-Maskell, 13.-Catalogue (1933), 127.

I. 3a.-12. Les Essais de Michel Seigneur de Montaigne. Edition nouvelle enrichie d'annotations en marge. Corrigée et augmentée d'un tiers outre les precedentes Impressions. Avec une table tres-ample des noms et matieres remarquables et signalées. Plus la vie de l'Autheur. Extraite de ses propres Escrits. Viresque acquirit eundo.-A Paris, chez François Gueffier, 1611.-In-8°, 18 cm. Page de titre et portrait gravés sur cuivre.

P. F. 44479 Rés. Reliure maroquin rouge, décor à chaud dans le style des Eve. Au v° du plat supérieur de la reliure, ex-libris imprimé : "From the Collection of Charles Butler of Warren Wood Hatfield". Exemplaire acquis, le 4 juillet 1984, pour 33814,58 F.

Sayce-Maskell, 16.-Catalogue (1992), pl. IX.

Musée d'Aquitaine : Inv. Bibl. 14282, exemplaire incomplet du début

I. 3a.-13. Les Essais de Michel Seigneur de Montaigne. Edition nouvelle enrichie danotations en marge : Corrigée et augmentée d'un tiers outre les precedentes Impressions. Avec une Table tres ample de noms et matieres remarquables et signalees. Plus la Vie de l'Autheur extraite de ses propres escrits. Viresque acquirit eundo.-A Envers, chez Abraham Maire (Achevé d'imprimer, à l'Imprimerie de Nicolas L'Oyselet, le deuxiesme iour de Ianvier 1617).-In-8°, 16 cm. Bandeaux et lettres ornées gravées sur bois, titre et portrait gravés sur cuivre.

P. F. 1761 Rés. : Reliure ancienne en veau traité, dos orné. Seul exemplaire connu présentant un achevé d'imprimer daté. Il a été acheté, en 1914, à la vente de la bibliothèque de R. Dezeimeris, voir Dezeimeris (Catalogue), 90. Il y est joint cette note manuscrite de Dezeimeris : "Ni dans sa Notice bibliographique, ni dans les notes comprises dans l'Inventaire de sa collection, inventaire dressé par Mr. Richou, Mr. le Dr. Payen n'a donné des renseignements précis sur les éditions des Essais portant sur le titre le nom d'Abraham Maire (sans date).

"Les éditions copiées sur celles de Paris 1608-1611, ont été imprimées par l'Oyselet, par consequent à Rouen. L'exemplaire que j'ai sous les yeux porte l'achevé d'imprimer de cet imprimeur, daté de 1617 (2 janvier).

"On peut remarquer qu'aux environs de cette date (1617-1619) les éditions de Rouen sont nombreuses aux noms des libraires, Osmont, Valentin, Angot, Berthelin, etc. Ce sont probablement les impressions de L'Oyselet répandues par tous les libraires de Rouen.

"La qualité de port de mer qu'avait alors Rouen et ses rapports d'affaires avec la Flandre et la Hollande devaient rendre très naturelle l'exportation dans les Pays-Bas de livres imprimés à Rouen, et c'est de cette façon qu'apparaissent avec un frontispice et un portrait imités des éditions de Paris les éditions qui ne sont nullement de provenance étrangère, mais ont emprunté des noms ou marques de libraires étrangers.

"Les éditions de Leyde de 1602 ne sont pas non plus de Leyde, mais bien de Genève, seulement le cas ici semble différent, et pourrait être un moyen employé par les imprimeurs protestants de Genève pour dissimuler le lieu réel d'impression".

Sayce-Maskell, 19.-Catalogue (1933), 129.-Catalogue (1980), 15, avec fac-similé de la page de titre.-Catalogue (1992), pl. XII.

I. 3a.-14. Les Essais de Michel Seigneur de Montaigne. Edition nouvelle : Enrichie d'annotations en marge, du nom des Autheurs citez, et de la version du Latin d'iceux. Corrigee et augmentee d'un tiers outre les premieres Impressions : plus la vie de l'autheur extraite de ses propres escrits. Viresque acquirit eundo.-A Paris, chez Iean Petit-Pas, 1617.-In-4°, 24,5 cm. Titre imprimé en noir et rouge. Bandeaux, lettres ornées et culs-de-lampe gravés sur bois, marque typographique et portrait, par Thomas de Leu, gravés sur cuivre.

M. F. 3694 Rés. Reliure ancienne en vélin. Au v° du plat supérieur de la reliure, dactylographié : "Ex Libris de G. Percival Best, vice-président des "Amis de Montaigne", Paris, et membre de la Société des Bibliophiles de Guyenne. Reform Club, Londres, 1947". Au v° du plat inférieur de la reliure, sur une étiquette blanche, collée et dactylographiée : "Note. Cette édition est importante. Elle contient le troisième état de la grande préface de Mademoiselle de Gournay, aussi le portrait de Montaigne par Thomas de Leu qui a paru premièrement dans l'édition de Paris, 1608". Sur une feuille dactylographiée : "Ce Livre, "Les Essais de Montaigne", Paris, 1617, est envoyé par Monsieur G. P. Best, Reform Club, Pall Mall, Londres S. W. I comme don à la Bibliothèque Municipale de Bordeaux, France, le 19e juin 1947. Une lettre de M. Best au Conservateur de la Bibliothèque suivra". Ces notes dactylographiées sont de M. G. Percival Best.

Sayce-Maskell, 20a.-Catalogue (1980), 14, avec fac-similé de la page de titre.

I. 3a.-14bis. Les Essais de Michel Seigneur de Montaigne. Edition nouvelle enrichie d'annotations en marge. Corrigee et augmentee d'un tiers outre les precedentes impressions. Avec une table tres ample des noms et matieres remarquables et signalees. Plus la Vie de l'autheur extraite de ses propres escrits. Viresque acquirit eundo.- (S. l. s. d.). A la fin : "Achevé d'imprimer à l'imprimerie de Nicolas L'Oyselet, le deuxiesme Ianvier 1617."-In-8°, 24,5 cm. Bandeaux, lettres ornées et culs-de-lampe gravés sur bois, portrait gravé sur cuivre.

D 55306 Rés. : Reliure veau fauve, dos à nerfs orné, pièce de titre maroquin rouge, roulette sur les coupes. Cet exemplaire comporte, sur la page de titre, un cartouche demeuré en blanc, sur lequel auraient du figurer l'adresse et la date. Le frontispice est le même que celui de l'édition de Rouen de 1619 décrite par Sayce-Maskell, 22. Pierre Bonnet, "Une édition in-8° des "Essais" publiée sans date au XVIIe siècle", dans *Bulletin de la Société des amis de Montaigne*, 4e série, n° 4, octobre-décembre 1965, p. 29-31, décrit une édition sans date publiée à Envers, chez Abraham Maire, dont l'achevé d'imprimer est le même que celui de l'édition ici décrite.

Cet exemplaire a été acquis par la Bibliothèque municipale de Bordeaux, au mois d'octobre 1993, pour la somme de 16000 F., à la Librairie Jean-Claude Vrain, Paris, n° 37, avec fac-similé de la page de titre.

I. 3a.-15. Les Essais de Michel Seigneur de Montaigne. Edition nouvelle : Enrichie d'annotations en marge, du nom des Autheurs citez, et de la version du Latin d'iceux. Corrigee et augmentee d'un tiers outre les premieres Impressions. Plus la vie de l'autheur extraite de ses propres escrits. Viresque acquirit eundo.-A Paris, chez Michel Nivelle, 1617.-In-4°, 24,5 cm. Titre imprimé en noir et rouge. Bandeaux, lettres ornées et culs-de-lampe gravés sur bois, portrait gravé sur cuivre.

S 1239 Rés. : Volume réglé relié en plein maroquin rouge (filets à chaud sur les plats, dos et chasses ornés) au chiffre de Marie Le Jars de Gournay, semé sur les plats et le dos. Au dos du premier plat de la reliure, d'une écriture du XIXe siècle : "Cet exemplaire appartenait à Melle de Gournay, comme le témoigne le monogramme parsemé sur la couverture (M R, marie joir) de Gournay, était le nom seigneurial de la famille". En bas de la page de titre, ex-libris manuscrit : "Raulin" : Félix-Victor Raulin, né en 1815, professeur à la Faculté des Sciences de Bordeaux et membre de l'Académie de Bordeaux. D'après Gergerès, p. 130, cet exemplaire a été donné à la Bibliothèque en 1856.

Sayce-Maskell, 20d. Catalogue (1933), 130.-Catalogue (1936), 262. -Catalogue (1957), 168.-Catalogue (1966), 34.-Catalogue (1980), 14, avec fac-similé de la reliure.-Catalogue (1992), pl. XI.

I. 3a.-16. Les Essais de Michel Seigneur de Montaigne. Edition nouvelle enrichie d'annotations en marge. Corrigee et augmentee dun tiers outre les precedentes Impressions. Avec une table tres ample des noms et matieres signalees. Plus la vie de lautheur extraite de ses propres escrits viresque acquirit eundo.-A Rouen, chez Iacques Besongne, (1619).-In-8°, 16 cm. Page de titre dans un encadrement gravé avec le portrait de Montaigne. A la fin : "Achevé d'imprimer ce dernier iour d'Aoust mil six cens dix-neuf, à l'Imprimerie de Iean Durand".

P. F. 7011 Rés. : Reliure vélin en mauvais état. Donné à la Bibliothèque en 1938.

Sayce-Maskell, 22 d.

I. 3a.-17. Les Essais de Michel Seigneur de Montaigne. Edition nouvelle enrichie dannotations en marge. Corrigée et augmentée dun tiers outre les precedentes Impressions. Avec une Table tres ample des noms et matieres remarquables et signalees. Plus la Vie de l'Autheur extraite de ses propres oeuvres. Viresque acquirit eundo.-A Rouen, chez Valentin, 1619.-In-8°, 16 cm. Titre gravé, portrait.

B. I. U. Catalogue(B. I. U. 1992), 5.

Sayce-Maskell, 21 e.

I. 3a.-18. Les Essais de Michel Seigneur de Montaigne. Edition nouvelle Enrichie Danotations en marge. Corrigee et augmentee dun tiers outre les precedentes Impressions. Avec une table tres ample des noms et matieres remarquables et signalees. Plus la vie de lautheur extraite de ses propres escrits viresque acqurit eundo.-A Rouen, chez Nicolas Angot, (1619).-In-8°, 16 cm. A la fin : "Achevée d'imprimer ce dernier iour d'Aoust mil six cens dix-neuf, à l'Imprimerie de Iean Durand". Frontispice gravé, lettrines, bandeaux.

A. D., 4 L 144 : Reliure parchemin. Au v° du plat supérieur de la reliure, à l'encre, d'une écriture du XVIIIe siècle : "la meilleure edition que nous ayons des oeuvres de s^{t}. bernard est celle de 1690. que le savant pere mabillon nous a donnée pour une seconde fois. c'est un savant benedictin". Autre inscription à l'encre : "C. *6 III. a paris en juillet 1697". En bas de la page de titre, ex libris manuscrit : "A. B. Gassion a la Couleyre le 25. d'aoust 1698". Au v° du plat inférieur de la reliure, à l'encre : "Ex. a B. G.", et, de la même écriture du XVIIIe siècle que celle du plat supérieur "Theodore de beze naquit a Vezelai en Bourgogne de pere et mere nobles, le 24. juin 1519 et mourut en 1605. Il etoit savant et eloquent orateur, il fut disciple de Jean Calvin heresiarque des derniers tems".

Sayce-Maskell, 22 A.

I. 3a.-19. Les Essais de Michel Seigneur de Montaigne. Edition nouvelle enrichie d'annotations en marge. Corrigée et augmentée d'un tiers outre les precedentes impressions. Avec une table tres ample des noms et matieres remarquables et signalées. Plus la vie de l'Autheur extraite de ses propres escrits. Viresque acquirit eundo.-A Rouen, chez Manassez de Preaulx, 1620.-In-8°, 16 cm. Relié en 2 vol. Titre gravé.

S 4756 : Reliure veau marbré. Sur la page de titre du premier volume, ex-libris manuscrit : "Fr. Onffray".

Sayce-Maskell, 21 A.-Catalogue (1933), 131.

I. 3a.-20. Les Essais de Michel Seigneur de Montaigne. Edition nouvelle. Corrigee et augmentee d'un tiers outre les premieres Impressions : Plus la vie de l'Autheur, Extraicte de ses propres escrits...-A Paris, chez la veufve Remy Dallin, 1625.-In-4°, 22 cm. Bandeaux, lettres ornées, culs-de-lampe.

S 1241 : Reliure en basane. Sur la page de titre, ex-libris manuscrit : "Ex bibliotheca maioris Conventus Sanci Francisci de observentia burdigalae. Anathema furanti", et cette mention : "Relié en 1769". Les derniers feuillets, mutilés, ont été restaurés.

Sayce-Maskell, 23 b.-Catalogue (1933), 132.-Catalogue (1980), 16.

B. I. U., 83052 (Rés. 4310) : Reliure veau fauve, dos orné. Sur la page de titre, ex-libris manuscrit : "Mousieay (?)" ; d'une autre main : "Emptus Parisiis 1894" ; et, d'une troisième main, ex-libris manuscrit : "N. Michaut".

Catalogue (B. I. U. 1992), 6.

I. 3a.-21. Les Essais de Michel de Montaigne... .-Paris, Robert Boutonné, 1625.-In-4°, 22 cm. Bandeaux, lettres ornées, culs-de-lampe.

Grand Séminaire 80 E 3 : La page de titre manque. Reliure veau marbré.

Sayce-Maskell, 23 f.

I. 3a.-22. Les Essais de Michel Seigneur de Montaigne. Edition nouvelle enrichie danotations en marge : corrigée et augmentée d'un tiers outre les precedentes impressions. Avec une Table tres ample des noms et matieres remarquables et signalees. Plus la vie de l'Autheur extraite de ses propres escrits. Viresque acquirit eundo.-A Rouen, chez Louys du Mesnel, 1627.-In-8°, 16,5 cm. Page de titre gravée.

S 4757 : Reliure vélin ancien. Au dos du plat supérieur de la reliure, ex-libris manuscrit : "M^r. Ch. Sédail" (Jean-Charles Sédail (31 décembre 1804-18 février 1868), membre de l'Académie de Bordeaux en 1833, a donné de nombreux ouvrages à la Bibliothèque). En bas de la page de titre, ex-libris manuscrit : "ex-libris petri de La Fosse". Les p. 1115 à 1129 sont endommagées.

Sayce-Maskell, 24 b.-Catalogue (1933), 133.

I. 3a.-23. Les Essais de Michel Seigneur de Montaigne. Edition nouvelle enrichie d'annotations en marge. Corrigee et augmentee d'un tiers outre les precedentes Impressions. Avec une table tres ample des noms et matieres remarquables signalees. Plus la vie de l'autheur extraite de ses propres escrits. Viresque acquirit eundo. Rouen, 1627.-In-8°, 17 cm.

S 4760 Rés. : Reliure en vélin.
Sayce-Maskell, 24 h.

I. 3a.-24. Les Essais de Michel, Seigneur de Montaigne. Edition nouvelle. Exactement corrigée selon le vray exemplaire. Enrichie a la marge du nom des autheurs citez, et de la version de leurs passages, mise à la fin de chasque Chapitre. Avecque la vie de l'Autheur. Plus deux Tables : l'une des Chapitres, et l'autre des principales Matieres.-A Paris, chez Iean Camusat, 1635.-In-2°, 36 cm. Titre imprimé en noir et rouge. Bandeaux, lettres ornées. Le titre est suivi d'une grande planche gravée non signée, mais attribuée, au moins le portrait de Montaigne qui est au centre, à Jaspar Isaac.
S 218 Rés. : Reliure veau ancien avec filets dorés. Corrections manuscrites qui sont peut-être de la main de Marie de Gournay.
Sayce-Maskell, 25 d et e.-Catalogue (1933), 134.-Catalogue (1980), 17, avec fac-similé de la page de titre.-Catalogue (1992), pl. XIII.
B. I. U. Catalogue (B. I. U. 1992), 7.

I. 3a.-25. Les Essais de Michel Seigneur de Montaigne. Derniere edition enrichie d'Annotations en marge. Corrigee suivant les premieres impressions. Avec une Table tres-ample des noms et matieres remarquables et signalees. Plus la vie de l'Autheur extraicte de ses propres escrits. Viresque acquirit eundo. -A Paris, chez Michel d'Auplet, 1636.-In-8°, 17 cm. Page de titre en noir et rouge.
S 4758 : Reliure vélin ancien. Sur la page de titre, ex-libris manuscrit : "bibliothecae ff. minimorum Burdegalae".
Sayce-Maskell, 26 a.-Catalogue (1933), 135.
A. M. D-9/14 : Exemplaire incomplet de la page de titre, des 52 premières pages et, à la fin, de la table, à partir du f. Aaaa7. Une note manuscrite insérée dans le volume porte : "à Paris, chez Michel d'Auplet 1636". Reliure parchemin en mauvais état sur laquelle a été collé un fragment de charte du XVIe siècle.

I. 3a.-26. Les Essais de Michel Seigneur de Montaigne. Edition nouvelle. Corrigee suivant les premieres Impressions de L'Angelier. Et augmentee d'annotations en marge, de toutes les Matieres plus remarquables. Avec la vie de l'Autheur extraicte de ses propres Escrits.-A Paris, chez Michel Blageart, 1640.-In-2°, 34 cm. Titre imprimé en noir et rouge. Bandeaux, lettres ornées, culs-de-lampe.

G. F. 495 : Demi-reliure. Annotations manuscrites d'un membre d'une famille Maillefer (fin XVIIe siècle), en plusieurs endroits. En haut de la page de titre, ex-libris manuscrit biffé et illisible. Acheté en 1920 à M. Paul Fourché (Paul Fourché (31 décembre 1840-25 novembre 1922), amateur d'art).

Sayce-Maskell, 27 b.-Catalogue (1980), 18, avec fac-similés de la page de titre et d'une page annotée.-Catalogue (1992), pl. XIV.

S 216 : Sur la page de titre, ex-libris, cachet de l'Académie de Bordeaux ; "Ex dono D. Cardose et uxoris".

S 219 : Sur la page de titre, ex-libris manuscrit : "Ex libris m. D. Ricard presbiteri".

S 220 : Au v° du plat supérieur de la reliure, ex-libris imprimé : "Musée de Bordeaux". Sur la page de titre, ex-libris manuscrit illisible.

A. P. 28378 : Reliure veau restaurée, filets dorés. Sur les feuillets de garde, notes manuscrites d'une écriture du XVIIe siècle.

I. 3a.-27. Les Essais de Michel Seigneur de Montaigne. Edition nouvelle enrichie d'annotations en marge. Corrigee et augmentee d'un tiers outre les precedentes Impressions. Avec une table tres ample des noms et matieres remarquables et signalees. Plus la vie de lautheur extraite de ses propres escrits. Viresque acquirit eundo.-A Rouen, chez Iean Berthelin, 1641.-In-8°, 16,5 cm. Titre gravé, bandeaux, lettres ornées.

A. P. 29374 Rés. : Reliure veau. Au v° du feuillet de garde, à l'encre : "N° 174. Chicaneau", et, au crayon : "provient de la bibliothèque du prince Galitzin, l'ex-libris a été enlevé".

Sayce-Maskell, 28.

B. I. U. 63157 (Rés. 56) : Reliure parchemin. Sur la page de titre, ex-libris manuscrit : “de la bibliothèque des Minimes de Chartres”. Catalogue (B. I. U. 1992), 8.

I. 3a.-28. Les Essais de Michel Seigneur de Montaigne. Derniere Edition. Enrichie d’annotations en Marge. Avec une Table tres-ample des Matieres. Plus la Vie de l’Autheur, extraicte de ses propres Escrits. Viresque acquirit eundo.-A Paris, chez Michel Blageart, 1649.-In-8°, 17 cm. Titre imprimé en noir et rouge. Bandeaux, lettres ornées, fleuron.

P. F. 5358 Rés. : Acheté 200 F à Farçat, à Tours, en juillet 1933.

Sayce-Maskell, 29.-Catalogue (1980), 19.

I. 3a.-29. Les Essais de Michel, Seigneur de Montaigne. Nouvelle edition exactement purgée des defauts des precedentes, selon le vray original : Et enrichie et augmentée aux marges du nom des Autheurs qui y sont citez, et de la Version de leurs Passages ; Avec des Observations tres-importantes et necessaires pour le soulagement du Lecteur. Ensemble la vie de l’Autheur, et deux Tables, l’une des Chapitres, et l’autre des principales Matières, de beaucoup plus ample et plus utile que celle des dernieres Editions.-A Paris, chez la vefve Sebastien Huré, et Sebastien Huré, 1652.-In-2°, 36, 5 cm. Portrait de Montaigne.

D 896 : Reliure ancienne en mauvais état.

Sayce-Maskell, 30 f.

I. 3a.-30. Les Essais de Michel, Seigneur de Montaigne. Nouvelle edition exactement purgée des defauts des precedentes, selon le vray original : Et enrichie et augmentée aux marges du nom des Autheurs qui y sont citez, et de la Version de leurs Passages ; Avec des Observations tres-importantes et necessaires pour le soulagement du Lecteur. Ensemble la Vie de l’Autheur, et deux Tables, l’une des Chapitres, et l’autre des principales Matieres, de beaucoup plus ample et plus utile que celle des dernieres Editions.-A Paris, chez Pierre Le Petit, 1652.-In-2°, 34 cm. Bandeaux, lettres ornées, culs-de-lampe.

G. F. 744 : Au v° de la page de titre, ex-libris manuscrit : "Marhenaux Paris 1869". Donné à la Bibliothèque, en 1933, par M. Dagraut.
Sayce-Maskell, 30 h.

I. 3a.-31. Les Essais de Michel, Seigneur de Montaigne. Nouvelle edition exactement purgée des defauts des precedentes, selon le vray original : Et enrichie et augmentée aux marges du nom des Autheurs qui y sont citez, et de la Version de leurs Passages ; Avec des Observations tres-importantes et necessaires pour le soulagement du Lecteur. Ensemble la vie de l'Autheur, et deux Tables, l'une des Chapitres, et l'autre des principales Matieres, de beaucoup plus ample et plus utile que celle des dernieres Editions.- A Paris, chez Pierre Rocolet, 1652.-In-2°, 29 cm. Titre imprimé en noir et rouge. Bandeaux, lettres ornées, culs-de-lampe, marque typographique, portrait gravé sur cuivre.
G. F. 1544 Rés. : Reliure en chagrin, décor à froid et filets sur les plats, dos et chasses ornés. Ex-libris imprimé : "Château de la Bardonnière". Acheté 8000 F, en 1954, provient de la *Bibliothèque de Mr André Goujas 3e partie... Vente du lundi 25 au samedi 30 octobre 1954*. Bordeaux, Marcel Mounastre-Picamilh, 1954, n° 268.
Sayce-Maskell, 30 k.-Catalogue (1980), 20, avec fac-similé de la page de titre.
D 1588 Rés. : Reliure du XVIIe en très mauvais état, veau marbré, dos à 6 nerfs et à fleurons, double encadrement de filets triples avec fleurons aux angles. Manquent la page de titre et le premier cahier ; il s'agit d'une des édtions décrites par Sayce-Maskell, 30 a-k, réparties entre plusieurs libraires : l'achevé d'imprimer porte en effet : "Achevé d'imprimer, le 1er décembre mil six cens cinquante-un". Don du docteur Comte, en novembre 1993.

I. 3a.-32. Les Essais de Michel, Seigneur de Montaigne. Nouvelle edition exactement purgée des defauts des precedentes, selon le vray original : Et enrichie et augmentée aux marges du nom des Autheurs qui y sont citez, et de la Version de leurs Passages ; Avec des Observations tres-importantes et necessaires pour le soulagement du Lecteur. Ensemble la Vie de l'Autheur, et deux Tables, l'une des Chapitres, et l'autre des principales matieres, de beaucoup plus ample et plus utile que celle des dernieres Editions.- A Bruxelles, chez François Froppens, 1659.-In-12, 14,5 cm., 3 vol. Titre imprimé en noir et rouge. Bandeaux, lettres ornées, culs-de-lampe, fontispice gravé sur cuivre.

P. F. 32985 Rés. : Reliure ancienne en veau, dos orné. Au v° du plat supérieur de la reliure, à l'encre : "collection Victor Buson" ; signature : "Legay" ; au crayon : "Signature de J. Racine". Cette signature figure, en effet, au bas du frontispice et du titre du tome I. Sur la page de garde, découpure d'un catalogue de vente : "Précieux exemplaire portant dans la marge inférieure du frontispice et sur le titre du tome Ier la signature autographe de Racine. Taches dans les marges de fond des deux premiers vol. et trous de ver". Acheté par la Bibliothèque, au mois de novembre 1975, pour 8000 F à la vente de *Livres et autographes précieux. Pierre et Jean Chrétien experts*, Paris, Hôtel Drouot, 26 février 1975, n° 33, avec fac-similé de la page de titre ; provenait de la vente Samson, 1936, n° 16.

Sayce-Maskell, 33 e-g.-Catalogue (1980), 21, avec fac-similée de la page de titre et du frontispice. (Catalogue (1992), pl. XV et XVbis.

I. 3a.-33. Les Essais de Michel de Montaigne. Nouvelle Edition. Livre premier [-troisiesme]. Enrichie et Augmentée aux marges du nom des Autheurs qui y son citez. Avec les Versions des passages Grecs, Latins, et Italiens.-A Paris, chez Christophle Iournel, 1659.-In-12, 14 cm., 3 vol. Page de titre gravée.

B. I. U 36156.

Sayce-Maskell, 32 a-c.

I. 3a.-34. Les Essais de Michel, Seigneur de Montaigne. Nouvelle edition exactement purgée des defauts des precedentes, selon le vray original : Et enrichie et augmentée aux marges du nom des

Autheurs qui y sont citez, et de la version de leurs Passages. Avec des Observations tres-importantes et necessaires pour le soulagement du Lecteur. Ensemble la Vie de l'Autheur, et deux Tables, l'une des Chapitres, et l'autre des principales matieres, de beaucoup plus ample et plus utile que celle des dernieres Editions. Livre premier [troisiesme].-A Amsterdam, chez Anthoine Michiels, 1659.-In-12, 15,5 cm., 3 vol. Titre imprimé en noir et rouge. Bandeaux, lettres ornées, culs-de-lampe. Frontispice gravé sur cuivre : portrait de Montaigne.

P. F. 17058 Rés. : Reliure XVIIIe maroquin rouge, filets, dos orné, dentelle intérieure. "Ex-libris James Hartmann" sur les trois volumes. Sur le premier volume, au crayon : "Edition assez jolie, que les amateurs recherchent beaucoup, et qui fait partie de la collection des Elzevirs". Entré à la Bibliothèque, en 1960, avec le legs Géo Chalus ; Géo Chalus (1869-1959), grand amateur d'art a légué à la Bibliothèque sa collection composée principalement de livres à gravures et reliures anciennes des XVIIe et XVIIIe siècles.

S 4759 : Reliure veau marbré, filets dorés. Sur la page de titre des trois volumes, ex-libris manuscrit : "D'hargeuveller", et un autre ex-libris biffé et illisible.

Sayce-Maskell, 33 b à d.-Catalogue (1933), pour S 4759.-Catalogue (1980), 21.-Catalogue (1992), pl. XV.

I. 3a.-35. Les Essais de Michel, Seigneur de Montaigne. Nouvelle Edition exactement purgée des defauts des precedentes, selon le vray original. Et enrichie et augmentée aux marges du nom des Autheurs qui y sont citez, et de la Version de leurs Passages ; Avec des Observations tres importantes et necessaires pour le soulagement du Lecteur. Ensemble la Vie de l'Autheur, et deux Tables l'une des Chapitres, et l'autre des principales matieres, de beaucoup plus ample et plus utile que celle des dernieres Editions. Livre premier [- troisiesme].-A Lyon, chez André Olyer, 1669.-In-12, 14,5 cm., 3 vol. Bandeaux, lettres ornées, culs-de-lampe, vignette et frontispice gravés sur cuivre, avec le portrait de Montaigne : "N. Auroux fecit". Page de titre en noir et rouge.

S 4762 : Reliure veau fauve.

Sayce-Maskell, 35 a-d.-Catalogue (1933), 141.-Catalogue (1980), 22, avec fac-similé de la page de titre.

I. 3a.-36. Les Essais de Michel de Montaigne. Nouvelle Edition. Livre premier [-troisieme]. Enrichie et augmentée aux marges du nom des Autheurs qui y son citez, Avec les Versions des passages Grecs, Latins et Italiens.-A Paris, chez Laurent Rondet, Christophe Iournel et Robert Chevillon, 1669.-In-12, 15 cm., 3 vol. Bandeaux, lettres ornées, titre gravé sur cuivre dans chaque volume, avec le portrait de Montaigne.

S 4761 : Reliure ancienne en veau, dos orné.

Sayce-Maskell, 34 a-c.-Catalogue (1933), 140.-Catalogue (1980), 23, avec fac-similé de la page de titre du tome III.

I. 3a.-37. Les Essais de Michel Seigneur de Montaigne. Nouvelle edition, Faite sur les plus anciennes et les plus correctes : augmentée de quelques Lettres de l'Auteur ; et où les Passages Grecs, Latins, et Italiens sont traduits plus fidellement, et citez plus exactement que dans aucune des Editions précedentes. Avec de courtes Remarques ; et de nouveaux Indices plus amples et plus utiles que ceux qui avaient paru jusqu'ici. Par Pierre Coste. Tome I-[III].-. A Londres, De l'Imprimerie de G. Tonson et J. Watts, 1724.-In-4°, 28 cm., 3 vol. Lettres ornées, bandeaux, culs-de-lampe ; en frontispice, portrait de Montaigne dessiné par Genest et gravé par Jacques Chéreau le Jeune.

M. F. 9951 Rés. : Reliure veau traité, à nerfs, dos orné. Acheté 6000 F, en 1966, à Michel de Floesser, libraire à Bordeaux.

Catalogue (1980), 24.

I. 3a.-38. Les Essais de Michel Seigneur de Montaigne. Donnez sur les plus anciennes et les plus correctes Editions : Augmentez de plusieurs lettres de l'Auteur ; et où les Passages Grecs, Latins et Italiens, sont traduits plus fidèlement, et citez plus exactement que dans aucune des précedentes. Avec des Notes, et de nouvelles Tables des Matieres beaucoup plus utiles que celles qui avoient paru jusqu'ici. Par Pierre Coste. Nouvelle edition, plus ample et plus correcte que la derniere de Londres. Tome premier [-troisieme].-A Paris, Par la Societé, 1725.-In-4°, 38,5 cm., 3 vol. Lettres ornées, bandeaux, vignettes, culs-de-lampe. En frontispice, portrait de Montaigne gravé sur cuivre par Jacques Chéreau le Jeune.

S 1242 : Reliure veau traité, à nerfs et à filets, dos orné. Au dos du plat supérieur de la reliure, étiquette imprimée : "Se vend à Bordeaux, chés Louis-Guillaume Labottiere, Libraire Juré de l'Université, rue St. Pierre, vis-à-vis le Puits de la Samaritaine". En haut de la page de titre : "30" ; en bas : "ad usum Fr. J. Bapt. Maslac ord. ff. praed. 1766."

Catalogue (1933), 142.-Catalogue (1980), 25.

A. P. 28387 : Reliure veau marbré. Exemplaire incomplet du supplément intitulé : "Mémoires pour servir..."

I. 3a.-39. Essais de Michel Seigneur de Montaigne. Donnez sur les editions les plus anciennes et les plus correctes. Augmentez de plusieurs Lettres de l'Auteur ; et où les Passages Grecs, Latins, et Italiens sont traduits plus fidellement, et citez plus exactement que dans aucune des precedentes. Avec des Notes ; et une Table generale des Matieres plus utile que celles qui avoient paru jusqu'ici. Par Pierre Coste. Nouvelle edition, plus ample et plus correcte que les dernieres de Londres et de Paris. Tome premier [-cinquième].-A La Haye, chez P. Gosse et J. Neaulme, 1727.-In-12, 16,5 cm., 5 vol. Lettres ornées, bandeaux, culs-de-lampe, frontispice gravé sur cuivre.

S 4763 : Reliure veau traité, dos orné.

Catalogue (1933), 143.-Catalogue (1980), 26.

I. 3a.-40. Essais de Michel Seigneur de Montaigne, donnez sur les plus anciennes et les plus correctes Editions : Augmentez de plusieurs Lettres de l'Auteur, et où les Passages, Grecs, Latins, et Italiens, sont traduits plus fidellement, et citez plus exactement que dans aucune des précédentes. Avec des Notes ; et une Table générale des

Matieres plus utile que celles qui avoient paru jusqu'ici. Par Pierre Coste. Quatrième edition, Augmentée de la vie de Montaigne, et de Nouvelles Notes qui ne se trouvent point dans les trois dernieres Editions publiées en 1724, 1725 et 1727.-A Londres, chez Jean Nourse, 1739.-In-12, 15 cm., 6 vol. Page de titre en noir et rouge. Bandeaux, lettres ornées, portrait de Montaigne.
D 37105/3-6 : Reliure veau traité, dos orné. Exemplaire incomplet des deux premiers tomes.
Catalogue (1980), 27.

I. 3a.-41. Essais de Michel Seigneur de Montaigne, Avec des Notes ; et une Table générale des Matieres, plus utile que celles qui avoient paru jusqu'ici. Par Pierre Coste. Nouvelle edition. Augmentée de la vie de Montaigne, et de nouvelles Notes qui ne se trouvent point dans les Editions précedentes. Tome premier [-septième].-A Londres chez Jean Nourse, 1745.-In-12, 16,5 cm., 7 vol. Lettres ornées, bandeaux, fleurons, culs-de-lampe, frontispice gravé sur cuivre.
S 4764 : Reliure veau marbré.
Catalogue (1933), 145.-Catalogue (1980), 28.
Grand Séminaire 80 E 3 : Reliure veau marbré. Le tome II manque.

I. 3a.-42. Essais de Montaigne, avec les Notes de M. Coste. Nouvelle Edition. Tome I [-X].-A Londres, chez Jean Nourse et Vaillant, 1754.-In-12, 14 cm., 10 vol. Bandeaux, fleurons.
P. F. 3916 Rés. : Reliure veau traité. Cet exemplaire a été acheté en 1924 par la Bibliothèque à la vente de la bibliothèque de Philippe-Louis de Bordes de Fortage (1846-1924), bibliophile et secrétaire général de l'Académie de Bordeaux, voir : Bordes de Fortage (Catalogue), I, 45. Auparavant, il avait appartenu a François Lamontaigne (1724-1812), magistrat, secrétaire perpétuel de l'Académie de Bordeaux, puis à Jules Delpit (1808-1897), voir : Delpit (Catalogue), 932.
Cet exemplaire renferme dans les marges un grand nombre d'observations personnelles de Lamontaigne sur le texte des *Essais*

mais aussi des notes empruntées par lui à l'Exemplaire de Bordeaux et surtout à un exemplaire des *Essais* qui avait appartenu à Florimond de Raemond (vers 1540-1601), successeur de Montaigne au Parlement de Bordeaux et son ami. Voir : Alan Martin Boase, "Montaigne annoté par Florimond de Raemond", *Revue du XVIe siècle*, XV 1928, p. 237-278 ; Pierre Bonnet, "Une nouvelle série d'annotations de Florimond de Raemond aux Essais de Montaigne", *Bulletin de la Société des amis de Montaigne*, 3e série, n° 10, avril-juin 1959, p 10-23.

Tome I : Au dos du plat supérieur de la reliure, deux ex-libris imprimés de Ph.-L. de Bordes de Fortage, encadrant une étiquette imprimée : "Se vend à Bordeaux, chez L. Guillaume Labottiere, Libraire Juré de l'Université, rue St. Pierre, vis-à-vis du Puits de la Samaritaine". Au fol. 1r° non chiffr., ex-libris manuscrit : "de fortage. Vente Jules Delpit Nov. 1897", et, d'une autre écriture : "jolie édition dont il y a des exemplaires en papier de Hollande, qui, suivant Brunet, sont assez rares (note du dr Payen). Elle parut à Paris après la mort de Coste arrivée en 1747".

Au fol. 1v° non chiffr. : "Vers sur Michel de Montaigne, et blasphème* contre ses *Essais*, dans le *Mercure de France*, I. volume du mois de décembre 1725. pag. 2808

*Qu'est-ce aujourd'hui que son ouvrage,
Qui sous le nom d'Essais eut beau si beau destin ?
Un livre en vieux langage
François, Gascon, Grec et Latin,
Un garde-boutique, un bouquin
Dont peu de lecteurs font usage.

On peut voir dans le tom. X. de cette Edition, que tout le monde ne méprise pas autant ce Bouquin". A la suite de ce texte : "Ecriture de Mr. de Lamontaigne). J. Delpit."

Sur le faux-titre, a été collée une petite vignette représentant : "Montaigne par P. Stapfer".

Tome II : Au v° du plat supérieur de la reliure, sur une vignette, monogramme B. L. surmonté d'une couronne.

Tome IX : Au v° du plat supérieur de la reliure, ex-libris imprimé : "Ph.-Louis de Bordes de Fortage. De l'Académie des Sciences, Belles-Lettres et Arts de Bordeaux". Au fol. 1r° non chiffr., au crayon bleu : "de fortage".
Tome X : Au v° du plat supérieur de la reliure, ex-libris imprimé : "M. Louis de Bordes de Fortage 86, rue Billaudel. Bordeaux". Au fol. 1r° non chiffr., au crayon rouge : "de fortage".
Catalogue (1933), 146.-Catalogue (1980), 30.-Catalogue (1992), pl. XVI.
Double 8330/10.
Grand Séminaire ; 80 E 3 : Reliure veau. Les tomes I et II manquent.

I. 3a.-43. Essais de Montaigne, Avec les Notes de M. Coste. Nouvelle Edition. Tome I.-A Londres, chez Jean Nourse et Vaillant, 1769.-In-12, 14 cm.
A. P. 8376 : Tome I seul. Reliure veau. Au v° du plat supérieur de la reliure, étiquette imprimée : "Se vend à Bordeaux chez Chappuis freres, Libraires, Jurés de l'Université, Place Royale, à l'entrée de la Bourse". Sur le v° du feuillet de garde, à la fin du volume, à l'encre : "K. G. K".

I. 3a.-44. Essais de Montaigne. Avec les Notes de M. Coste, suivis de son Eloge. Nouvelle Edition. Tome premier [dixième].-A Geneve, chez Jean-Samuel Cailler, 1779.-In-12, 14 cm., 10 vol. Bandeaux, vignettes, culs-de-lampe.
S 4765 : Reliure basane traitée, dos orné. Sur le revers du plat supérieur de la reliure, ex-libris gravé : "Bibliothèque de Mr. A. Houbigant", voir : *Catalogue des livres composant la bibliothèque de feu M. A.-G. Houbigant dont la vente aura lieu le mardi 1er décembre 1863*..., Paris, Auguste Aury, 1863, p. 5, n° 51.
Catalogue (1933), 147.-Catalogue (1980), 31, avec fac-similé de la page de titre du tome V.
Double 8329/8 : Tome VIII seul, avec un ex-libris sur un tampon : "P. Phelip".
Catalogue (1980), 31.

I. 3a.-45. Les Essais de Michel, Seigneur de Montaigne. Nouvelle édition, Exactement purgée des defauts des precedentes, selon le vray original : Et enrichie et augmentée aux marges du nom des Autheurs qui y sont citez, et de la version de leurs passages ; avec des observations tres-importatntes et necessaires pour le soulagement du Lecteur. Ensemble la Vie de l'Autheur, et deux Tables, l'une des chapitres, et l'autre des principales Matieres, de beaucoup plus ample et plus utile que celle des dernieres Editions. Tome premier [-troisième].-A Amsterdam, Aux depens de la Compagnie, 1781.-In-8°, 15 cm., 3 vol. Bandeaux, fleurons, frontispice gravé sur cuivre reproduisant en contre-épreuve celui gravé par Chéreau le Jeune en 1725.

S 4766 : Reliure veau traité à filets, dos orné.

Catalogue (1933), 148.-Catalogue (1980), 32.

Double 8324/1 : Tome I seul, acheté ches Pallandre le Jeune, libraire sur le Cours du Chapeau-Rouge, Bordeaux.

Catalogue (1980), 32.

Grand Séminaire 80 c 5 : Tome I seul.

I. 3a.-46. Essais de Michel de Montaigne. Tome premier [-troisième].-A Paris, chez Jean-François Bastien, 1783.-In-8°, 15 cm., 3 vol. Bandeaux, fleurons, culs-de-lampe.

S 4767 : Reliure basane traitée, dos orné.

Catalogue (1933), 149.-Catalogue (1980), 33, avec fac-similé de la page de titre du tome I.

D 11477 : Tomes II et III seuls. Provient du Grand Séminaire.

I. 3a.-47. Essais de Michel de Montaigne. Tome premier [-Troisieme].-A Paris, chez Jean Serviere, Jean-François Bastien, 1793.-In-8°, 20 cm., 3 vol. Portrait en frontispice.

D 54946 : Au v° du plat supérieur de la reliure, ex-libris armorié : "M. C. Radcliff Esqr", avec la devise : "Spectemur agendo", et les armes. Ex-libris manuscrit du même possesseur sur la page de titre de chacun des tomes.

I. 3a.-48. Essais de Montaigne, Edition nouvelle, où se trouvent ses Lettres et le Discours de La Boetie sur la Servitude volontaire, ou le Contr'un. Avec les Notes de Coste ; Novit se ipsum.-A Paris, chez Louis, 1801.-In-18, 13,5 cm.
D 39733 : Tome I seul. Brochage d'origine. Ex-libris manuscrit sur la couverture : "Ch. Sedail" (Jean-Charles Sédail (31 décembre 1804-18 février 1868), un des bienfaiteurs de la Bibliothèque au XIXe siècle.)
Catalogue (1980), 34, avec fac-similé de la page de titre.

I. 3a.-49. Essais de Michel Seigneur de Montaigne. Tome premier [-quatrième]. Edition stéréotype, D'après le procédé de Firmin Didot.-A Paris, de l'imprimerie et de la fonderie stéréotypes de Pierre Didot l'aîné et Firmin Didot, an X. 1802.-In-8°, 21 cm., 4 vol.
S 4768 : Reliure moderne. Exemplaire censuré de l'Avertissement de l'éditeur, de Naigeon. Le Portrait manque.
Catalogue (1933), 150.-Catalogue (1980), 35, avec fac-similé de la page de titre du tome I.
D U 9008 : Exemplaire censuré, sans le portrait.
Catalogue (1980), 35.

I. 3a.-50. Essais de Montaigne. Nouvelle édition.-A Paris, chez Desoer, 1818.-In-8°, 23 cm. Texte imprimé sur deux colonnes. Portrait gravé en frontispice : "Dumonstier pinx. Leroux sculpt."
M. F. 680 : Reliure XIXe veau, dos orné, filets et décor à froid sur les plats. Acheté à la vente de la bibliothèque de R. Dezeimeris, en 1914, voir : Dezeimeris (Catalogue), 94.
Catalogue (1933), 152.-Catalogue (1980), 36, avec fac-similé de la page de titre.
B. I. U. (Catalogue 1992), 9.

I. 3a.-51. Essais de Michel de Montaigne. Nouvelle édition. Tome premier [-cinquième].-A Paris, chez Lefèvre (imprimerie de Crapelet). In-8°, 20 cm., 5 vol.
S 4769 : Reliure moderne.
D 37027.

D 39744/2-3, 6 seulement. Sur la couverture des trois tomes, ex-libris de Ch. Sedail.
Catalogue (1933), 151.-Catalogue (1980), 37, avec fac-similé de la page de titre du tome I.
B. I. U 250041 : Reliure veau, filets dorés. Au v° du feuillet de garde, à l'encre : "N° 1074".

I. 3a.- 52. Essais de Montaigne. Tome premier [-neuvième].-A Paris, chez Desoer ; à Liège, J.-F. Desoer (impr. de Fain à Paris), (s. d.), 1819.-In-36, 9 cm., 9 vol.
P. F. 3917 Rés. : Reliure XIXe, dos orné, décor à froid sur les plats
Au v° du plat supérieur du tome I, ex-libris imprimé : "Ph.- Louis de Bordes de Fortage de l'Académie des Sciences, Belles-Lettres et Arts de Bordeaux". Au v° du plat supérieur du tome II, monogramme imprimé : "BL". Acheté en 1924, voir : Bordes de Fortage (Catalogue), I, 453.
Catlogue (1933), 153.-Catalogue (1980), 38.-Catalogue (1992), pl. XVII.
B. I. U. Rés. 4032.

I. 3a.-53. Essais de Montaigne, publiés d'après l'édition la plus authentique, et avec des sommaires analytiques et de nouvelles notes, par Amaury-Duval... Tome premier [-VI].-A Paris, chez Chassériau et Dondey-Dupré Père et Fils pour le tome VII, 1820.-In-8°, 20, 5 cm., 6 vol. Portrait gravé en frontispice.
S 4770 : Sur la page de titre de chaque tome, cachet : "AB".
Catalogue (1933), 154.-Catalogue (1980), 39, avec fac-similé de la page de titre du tome I.

I. 3a.-54. Essais de Michel de Montaigne, avec les notes de tous le commentateurs. Tome premier [-cinquième].-A Paris, chez Lefèvre, 1823.-In-8°, 22 cm., 5 vol. Portrait gravé en frontispice : "Cocaskis pinxit ; Alex^{dre} Tardieu sculpsit 1818".
S 4772 Rés. : Reliure demi-maroquin, dos orné, signée par Vogel, l'un des bons artisans parisiens de la première moitié du XIXe siècle

Catalogue (1933), 155.-Catalogue (1980), 40.-Catalogue (1992), pl. XVIII.

I. 3a.-55. Essais de Michel de Montaigne, avec les notes de tous les commentateurs, et précédés de l'Eloge de Montaigne. Par M. Villemain... Tome premier [-huitième].-Paris, Froment [, imprimerie de Firmin Didot], 1825.-In-12, 13 cm., 8 vol. Portrait de Montaigne en frontispice du tome I.

P. F. 7212 : Don de M. Cardoze en 1940.

Double 8328/2.

I. 3a.-55bis. Essais de Michel de Montaigne avec les notes de tous les commentateurs. Edition publiée par J.-V. Le Clerc. Tome I [-V].-A Paris, chez Lefèvre [, impr. de Jules Didot aîné].-1826-1828.-In-8°, 22 cm., 5 vol. En frontispice, portrait gravé. (Collection des classiques français).

S 4771.

Catalogue (1933), 156.-Catalogue (1980), 41.

I. 3a.-56. Essais de Michel de Montaigne avec les notes de Coste, Naigeon, Amaury Duval, Eloy Johanneau, et autres commentateurs. Tome premier [-dixième].-Paris, Menard et Desenne (impr. de Marchand du Breuil), 1827.-In-12, 14 cm., 10 vol. Portrait gravé de Montaigne en frontispice. (Bibliothèque française).

S 4773 : Demi-reliure basane.

Catalogue (1933), 157.-Catalogue (1980), 42.

A. P. 15001 : Brochage d'origine avec une étiquette imprimée au dos du seul tome I.

Catalogue (1980), 42.

I. 3a.-57. Essais de Michel de Montaigne, édition selon l'orthographe de l'auteur, avec des sommaires analytiques, et les notes de tous les commentateurs ; précédés de la préface de Mademoiselle de Gournay, et d'un précis de la vie de Montaigne [Suivis de lettres de l'auteur et de la Servitude volontaire d'E. de La Boétie].-Paris,

Tardieu-Denesle (impr. d'Hippolyte Tilliard), 1828.-In-8°, 16 cm., 6 vol.
D 35735.
Catalogue (1980), 43.

I. 3a.-58. Essais de Montaigne. Nouvelle édition collationnée sur les meilleurs textes.-Paris, Furne, de Bure (impr. de E. Duverger), 1831.-In-4°, 23,5 cm. Portrait de Montaigne gravé par Revel, en frontispice. Texte imprimé sur deux colonnes.
M. F. 4230 Rés. : Reliure basane verte, filets dorés, dos orné avec, à chaud, sur le plat supérieur les armes de Bordeaux accompagnées de la mention : "Prix de la Ville", et sur l'autre, le nom du Collège entouré de lauriers. Au dos du plat supérieur de la reliure, étiquette imprimée : "Se trouve chez Chaumas-Gayet, Libraire, Fossés du Chapeau-Rouge, 34. Bordeaux". Sur le f. faisant face au faux-titre, mention manuscrite : "Prix de dissertation latine. Philosophie. Collège royal de Bordeaux. Année 1846-1847". Exemplaire donné en 1950 à la Bibliothèque par la Direction des Bibliothèques et de la Lecture publique ; cet exemplaire provient des livres récupérés en Allemagne à la fin de la guerre et entreposés à Paris, Avenue Rapp.
Catalogue (1980), 44.
S 1243.
Catalogue (1933), 158.-Catalogue (1980), 44.-Catalogue (1992), pl. XIX.

I. 3a.-59. Essais de Michel Seigneur de Montaigne. Tome premier-[quatrième].-Paris, Firmin Didot frères, 1833.-In-8°, 21 cm., 4 vol.
S 4774.
Catalogue (1933), 159.-Catalogue (1980), 45.

I. 3a.-60. Essais de Michel de Montaigne, avec les notes de tous les commentateurs. Edition publiée par J.-V. Le Clerc. Tome premier-[second].-Paris, Lefèvre, 1836.-In-8°, 21 cm., portrait gravé par Geoffroy.

S 4775 : Demi-reliure basane. Le portrait manque. Sur la page de titre du tome I, ex-libris manuscrit : “Ch. Sedail”.
Catalogue (1933), 161.
S 4776 et S 4777 : Demi-reliure basane verte. Portrait.
B. I. U 34194 : Sur la page de titre, cachet : “Bibliothèque Roullet”.
Catalogue (B. I. U. 1992), 25.

I. 3a.-61. Essais de Michel de Montaigne avec des notes de tous les commentateurs. Edition revue sur les textes originaux.-Paris, Firmin Didot Frères, 1838.-In-4°, 25 cm., Portrait en frontispice.
M. F. 18424.
Grand Séminaire 30 B II.

I. 3a.-62. Essais de Michel de Montaigne. Nouvelle édition précédée d’une lettre de M. de Villemain sur l’Eloge de Montaigne par P. Chrestien.-Paris, Lavigne, 1843.-In-8°, 18 cm.
Grand Séminaire 30 B 2 : Demi-reliure basane. Sur les ff. de garde et le faux-titre, notes manuscrites du XIXe siècle.

I. 3a.-63. Essais de Michel de Montaigne. Avec les notes de tous les commentateurs. Tome premier [-troisième].-Paris, Lefevre, Ledentu fils, 1844.-In-16, 16 cm., 3 vol. (Collection des classiques français).
S 4778.
Catalogue (1933), 163.

I. 3a.-64. Essais de Michel de Montaigne. Nouvelle édition précédée d’une lettre à M. Villemain sur l’éloge de Montaigne par P. Christian.-Paris, Victor Lecou (impr. de Gustave Gratiot), 1846.-In-8°, 18 cm.
P. F. 44310 : Demi-reliure basane.

I. 3a.-65. Essais de Michel de Montaigne. Nouvelle édition précédée d’une lettre à M. Villemain sur l’éloge de Montaigne par. P. Christian.-Paris, Victor Lecou (impr. de J. Claye et Cie), 1853.-In-8°, 18 cm.
D 55231.

I. 3a.-66. Essais de Michel de Montaigne, avec des notes de tous les commentateurs. Edition revue sur les textes originaux.-Paris, Chez Firmin Didot Frères, 1854.-In-2°, 25 cm. Portrait gravé en frontispice.
M. F. 12175.
Catalogue (1980), 47.

I. 3a.-67. Essais de Montaigne suivis de sa correspondance et de la Servitude volontaire d'Estienne de La Boëtie. Edition variorum accompagnée d'une notice biographique, de notes historiques, philologiques, etc. et d'un Index analytique par Charles Louandre. Tome premier [-quatrième].-Paris, Charpentier, 1854.-In-8°, 19 cm., 4 vol.
P. F. 44311 : Couverture brochée de l'éditeur.

I. 3a.-68. Essais de Montaigne précédés d'une étude biographique et littéraire, par Alfred Delvau. Edition J. Bry. [Illustrée par Gustave Doré], 1859.-In-8°, 21,5 cm., 2 vol. Figures gravées sur bois par Gustave Doré.
S 4779 Rés.-Catalogue (1933), 165.-Catalogue (1980), 48.
D 30639/1 : Tome I seul, en mauvais état.
A. P. 29751/2 : Tome 2 seul.

I. 3a.-69. Essais de Montaigne suivis de sa correspondance et de la Servitude volontaire d'Estienne de la Boëtie. Edition variorum accompagnée d'une notice biographique, de notes historiques, philologiques, etc., et d'un index analytique par Charles Louandre. Tome premier [-quatrième].-Paris, Charpentier (impr. Simon Raçon et Cie), 1862.-In-8°, 18 cm.
S 4780 : Demi-reliure basane.
Catalogue (1933), 166.-Catalogue (1980), 49.

I. 3a.-70. Essais de Michel de Montaigne avec des notes de tous les commentateurs. Edition revue sur les textes originaux.-Paris, Firmin Didot frères, fils et Cie, 1864.-In-4°, 25,5 cm. Portrait de Montaigne "au chapeau", en frontispice.

S 4790 : Demi-reliure basane. Au v° du faux-titre, ex-dono imprimé : "Don de Mr. Ch. Des Champs à la ville de Bordeaux 1837-1844".

I. 3a.-71. Essais de Michel de Montaigne. Précédés d'une lettre à M. Villemain sur l'éloge de Montaigne par P. Christian. Tome premier [-second].-Paris, Librairie de L. Hachette et Cie, 1864.-In-8°, 17 cm., 2 vol.
P. F. 44312 : Demi-reliure basane.

I. 3a.-72. Essais de Michel de Montaigne. Nouvelle édition avec les notes de tous les commentateurs choisies et complétées par M. J. -V. Le Clerc, précédée d'une nouvelle étude sur Montaigne par M. Prévost-Paradol. Tome premier [-quatrième].-Paris, Garnier frères (impr. J. Claye), 1865-1866.-In-4°, 23,5 cm., 4 vol. Portrait gravé sur acier, oeuvre de Staal et de Regnault (impr. Ch. Chardon aîné). (Chefs-d'oeuvre de la littérature française. 13-16).
S 4781 : Demi-reliure basane.
Catalogue (1933), 167.-Catalogue (1980), 50.
B. I. U. 31317.

I. 3a.-73. Essais de Michel de Montaigne. Texte original de 1580 avec les variantes des éditions de 1580 et 1587, publié par R. Dezeimeris et H. Barckhausen. Tome premier [second]-Bordeaux, Imprimerie G. Gounouilhou, 1870-1873.-In-8°, 21 cm., 2 vol. (Publications de la Société des Bibliophiles de Guyenne).
S 4782 Rés. : Demi-reliure basane. Exemplaire n° 76.
Catalogue (1933), 169.-Catalogue (1980) ; 51.-Catalogue (1992), pl. XX.
S 4783 : Demi-reliure basane. Exemplaire n° 37.
Coll. 77/7.-Coll. 78/7.-D 30002.-D 30670.-A. P. 10401.-P. F. 22175.
B. I. U. Rés. 274.
A. D. I/C. 1.
A. M. D-9/11-12.
Grand Séminaire 30 B 2.

I. 3a.-74. Essais de Montaigne. Nouvelle édition avec des notes choisies dans tous les commentateurs et la traduction de toutes les citations que renferme le texte par M. J.-V. Leclerc. Tome premier [-second].-Paris, Garnier Frères, 1872.-In-8°, 18 cm., 2 vol. Portrait en frontispice.
Grand Séminaire 30 B 2 : Au v° du plat supérieur de la reliure des deux volumes, étiquette imprimée : "Librairie papeterie Féret et fils 15, cours de l'Intendance Bordeaux".

I. 3a.-75. Les Essais de Montaigne, accompagnés d'une Notice sur sa vie et ses ouvrages, d'une Etude bibliographique, de Variantes, de Notes, de Tables et d'un Glossaire, par E. Courbet et Ch. Royer. Tome premier [-cinquième].-Paris, A. Lemerre (impr. par J. Claye, puis par A. Quantin), 1872-1900.-In-8°, 19,5 cm., 5 vol. Le portrait gravé à l'eau-forte de Montaigne "au chapeau", non signé, se trouve en frontispice dans le cinquième tome.
S 4784.
Catalogue (1933), 170.-Catalogue (1980), 52.
D 54846 : Le tome II manque.

I. 3a.-76. Les Essais de Montaigne, réimprimés sur l'édition originale de 1588, avec notes, glossaire et index par MM. H. Motheau et D. Jouaust et précédés d'une Note par M. de Sacy... Portrait gravé à l'eau-forte par Gaucherel. Tome premier [-quatrième].-Paris, Librairie des Bibliophiles (impr. D. Jouaust), 1873-1875.-In-8°, 23 cm., 4 vol. Portrait gravé à l'eau-forte par Léon Gaucherel d'après l'estampe de Thomas de Leu, en frontispice. (Collection des classiques français).
S 4785 : Demi-reliure basane.
Catalogue (1933), 171.-Catalogue (1980), 53, avec fac-similé de la page de titre du tome I.
P. F. 22573.
B. I. U non coté.

I. 3a.-77. Essais de Michel de Montaigne avec des notes de tous les commentateurs. Edition revue sur les textes originaux.-Paris, chez Firmin-Didot et Cie., 1876.-In-4°, 24 cm. Portrait en frontispice.
M. F. 18425 : Reliure d'éditeur.

I. 3a.- 78. Essais de Montaigne. Nouvelle édition avec des notes choisies de tous les commentateurs et la traduction de toutes les citations que renferme le texte. Par M. J.-V. Leclerc. Tome premier. Cinquième édition.-Paris, Garnier. Frères, 1885.-In-8°, 18,5 cm. Portrait de Montaigne en frontispice.
D 39725 : Tome I seul. Sur le r° du feuillet de garde, ex-libris manuscrit : "Ex libris M. Schult 1887 (Toulouse)".

I. 3a.-79. Les Essais de Montaigne, publiés d'après l'édition de 1588, avec les variantes de 1595 et une notice, des notes, un glossaire et un index par H. Motheau et D. Jouaust. Tome premier-[septième et dernier].-Paris, Librairie des Bibliophiles (impr. par Jouaust et Sigaux), 1886-1889.-In-16, 17 cm., 7 vol. (Nouvelle bibliothèque classique des Editions Jouaust).
S 4787 et S 4788 : Demi-reliure basane.
Catalogue (1933), 172.-Catalogue (1980), 54.
D. U. 9180.
B. I. U. D 41345.
Grand Séminaire 30 B 2.

I. 3a.-80. Les Essais de Michel de Montaigne publiés d'après l'Exemplaire de Bordeaux avec les variantes manuscrites et les leçons des plus anciennes impressions, des notes, des notices et un lexique par Fortunat Strowski, Francois Gébelin et Pierre Villey sous les auspices de la Commission des Archives municipales. Tome premier [-cinquième].-Bordeaux, Imprimerie nouvelle de F. Pech, 1906-1933.-In-2°, 32,5 cm., 5 vol. Fac-sim.
S 1245 Rés. : N° 17 des 50 exemplaires imprimés sur Hollande. Les deux premiers volumes ont été reliés en plein maroquin bordeaux, le premier en 1907, par Fleuret, le second par

Chassagnat. Les divers éléments de la reliure, plats, dos et chasses. ont été décorés à chaud, de filets principalement ; sur les deux plats : "Que Scay Ie". Les volumes 3 et 4 manquent.
Catalogue (1933), 173.-Catalogue (1980), 55.-Catalogue (1992), pl. XXI.
G. F 4066 Rés. : Tome I seul, exemplaire 2/50 offert au Maire de Bordeaux Alfred Daney, reliure maroquin rouge avec motif central aux armes de Bordeaux et décor intérieur, signée A. Barets.
S 4791.-G. F. 887.-A. P. 32996/4 et 5.-D. U. 2296.
B. I. U. 12340.
Catalogue (B. I. U. 1992), 83.
A. M. Cabinet de l'archiviste.
A. D. I/C. 50.

I. 3a.-81. Les Essais de Montaigne Reproduction typographique de l'Exemplaire annoté par l'auteur et conservé à la Bibliothèque de Bordeaux, avec un avertissement et une note par M. Ernest Courbet.-Paris, Imprimerie nationale, 1913-1931.-In-2°, 37 cm., 3 vol. ; ill.
G. F. 728 Rés.
Catalogue (1933), 179.-Catalogue (1980), 59 : "C'est par erreur que la date de 1906 figure sur le titre du tome I, car celui-ci comporte un achevé d'imprimer au millésime de 1913".

I. 3a.-82. Essais de Montaigne (Self édition). Texte original accompagné de la traduction en langage de nos jours par le Général Michaud. Premier [-quatrième volume].-Paris, Firmin-Didot, 1907-1909.-In-8°, 25 cm., 4 vol. Portrait.
S 4789 : Demi-reliure basane. Exemplaire n° 82.
Catalogue (1933), 174.-Catalogue (1980), 56.
M. F. 2940.

I. 3a.-83. Montaigne. Les Essais. Tome premier [-sixième et dernier].-Paris, La Renaissance du livre, 1911.-In-8°, 18 cm., 6 vol. (Tous les chefs-d'oeuvre de la littérature française 15-20).

P. F. 5285.
Catalogue (1933), 175.-Catalogue (1980), 57.
Grand Séminaire 67 G 6.

I. 3a.-84. Les Essais de Montaigne. Publiés d'après l'édition de 1588 avec les variantes de 1595. Une notice, des notes et un glossaire-index. Tome premier [-quatrième].-Paris, Ernest Flammarion, 1911.-In-8°, 18,5. m., 4 vol. (Les meilleurs auteurs classiques français et. étrangers).
P. F. 5284.

I. 3a.-85. Reproduction en phototypie de l'Exemplaire avec notes manuscrites marginales des Essais de Montaigne appartenant à la Ville de Bordeaux, publiée avec une introduction par M. Fortunat Strowski... Livre premier [-troisième].-Paris, Hachette, 1912.-In-2°, 32,5 cm., 3 vol.
G. F. 341 Rés.
Catalogue (1980), 58.
G. F. 285 Rés.
Catalogue (1933), 176. -
G. F. 335 Rés. : Exemplaire en feuilles.
B. I. U. 12040.
Catalogue (B. I. U. 1992), 11.
A. M. G-6, 29 et 31.-F.-2/27.

I. 3a.-86. Les Essais de Michel de Montaigne. Nouvelle édition conforme au texte de l'Exemplaire de Bordeaux, avec les additions de l'édition posthume, l'explication des termes vieillis et la traduction des citations, une chronologie de la vie et de l'oeuvre de Montaigne, des notices et un index par Pierre Villey.-Paris, Félix Alcan, 1922-1923.-In-16, 18 cm., 3 vol.
P. F. 3525.
Catalogue (1933), 177.-Catalogue (1980), 60.
B. I. U. 58528.

I. 3a.-87. Les Essais, dans Oeuvres complètes de Michel de Montaigne. T. I à VI. Texte du manuscrit de Bordeaux, étude, commentaires et notes par le Dr. A. Armaingaud.-Paris, Louis Conard, 1924-1927.-In-8°, 18 cm, 6 vol. Portrait.
D. U. 9248.
Catalogue (1980), 61.
P. F. 3778.
Catalogue (1933), 178.

I. 3a.-88. Essais de Montaigne. Nouvelle édition avec des notes choisies dans tous les commentateurs et la traduction de toutes les citations que renferme le texte. Par M. J.-V. Leclerc. Tome premier [-quatrième].-Paris, Librairie Garnier Frères, 1925.-In-8°, 19 cm., 4 vol.
P. F. 44313 : Reliure éditeur.

I. 3a.-89. Montaigne. Les Essais. Tome premier [-sixième et dernier].-Paris, La Renaissance du Livre, (1927).-In-12, 17,5 cm., 6 vol.
P. F. 5285

I. 3a.-90. Essais de Messire Michel de Montaigne, publiés sur l'exemplaire de Bordeaux avec une introduction par Fortunat Strowski.-Paris, Editions de la Chronique des Lettres françaises, 1927-1930-In-8°, 18 cm., 7 vol.
P. F. 38443.
Catalogue (1980), 62.
B. I. U. 56372 et 131324.

I. 3a.-91. Les Essais de Michel de Montaigne. Nouvelle édition conforme au texte de l'Exemplaire de Bordeaux, avec les additions de l'édition posthume, l'explication des termes vieillis et la traduction des citations, une étude sur Montaigne, une chronologie de sa vie et de son oeuvre, le catalogue de ses livres et la liste des inscriptions qu'il avait fait peindre dans sa librairie, des notices, des notes, un appendice sur l'influence des Essais et un Index par

Pierre Villey.-Paris, Félix Alcan, 1930-1931.-In-8°, 23 cm., 3 vol. Fac-sim.
D. U. 6688.
Catalogue (1980), 63.
M. F. 2089 : Exemplaire n° 241 sur papier Lafuma pur fil.
Catalogue (1933), 180.

I. 3a.-92. Essais de Michel Seigneur de Montaigne. Publiés d'après les textes originaux avec une introduction de Pierre d'Espezel. Tome premier [-sixième].-Paris, A l'enseigne de la Cité des Livres, 1930-1931. -In-12, 19 cm., 6 vol.
P. F. 4841 : Exemplaire n° 651 sur vergé à la forme des Papeteries d'Arches.
Catalogue (1933), 181.

I. 3a.-93. Les Essais de Montaigne. Publiés d'après l'édition de 1588, avec les variantes de 1595, une notice, des notes et un glossaire-index. Tome premier [-quatrième],-Paris, Ernest Flammarion, 1931-1932.-In-12, 19 cm., 4 vol. (Les Meilleurs auteurs classiques français et étrangers).
P. F. 5284.

I. 3a.-94 Montaigne. Essais. Tome I. [VI].-Paris, Librairie Plon, 1931.-In-12, 19,5 cm., 6 vol. Portrait en frontispice à chaque volume. (Classiques Plon).
P. F. 5289.
Catalogue (1933), 183.

I. 3a.-95. Michel de Montaigne. Essais... texte établi et présenté par Jean Plattard.-Paris, Editions Fernand Roches, 1931-1946.-In-8°, 20 cm., 5 vol. (Les textes français. Collection des Universités de France sous les auspices de l'Association Guillaume Budé).
Coll. 292/7.-P. F 5171.
Catalogue (1933), 182.-Catalogue (1980), 64.
B. I. U. 9464-16. -N 178-16.
Catalogue (B. I. U. 1992), 85.

I. 3a.-96. Montaigne. Essais. Texte établi et annoté par Albert Thibaudet.-Paris, Gallimard, 1933.-In-8°, 17 cm. (Bibliothèque de la Pléiade ; 14).
D. U. 14564 : Jaquette d'éditeur.
Catalogue (1980), 65.
Coll. 465/14.

I. 3a.-97. Michel Seigneur de Montaigne. Essais. Les Livres de Louis Jou.-Paris, Atelier du Vieux Colombier, 1934-1936.-In-2°, 34 cm., 3 vol., ill. en noir et en couleur, couv. ill.
G. F. 3713 Rés. : Exemplaire sur Japon (n° 35) offert à la Bibliothèque, en 1980, par Richard Chapon, à l'occasion du IVe centenaire de la première édition des *Essais*.
Catalogue (1980), 66.-Catalogue (1992), pl. XXII.-André Feuille, *Louis Jou. Bibliographie*, Bordeaux, Société des Bibliophiles de Guyenne, 1984, n° 76, p. 119-126.

I. 3a.-98. Les Essais de Montaigne publiés d'après l'édition de 1588 avec les variantes de 1595, une notice, des notes et un glossaire index. Tome premier [-quatrième].-Paris, Ernest Flammarion, 1934-1938.-In-8°, 18,5 cm., 4 vol. (Les Meilleurs auteurs classiques français et étrangers).
P. F. 44316.

I. 3a.-99. Montaigne. Essais. Texte établi et annoté par Albert Thibaudet.-Paris, Gallimard, 1939.-In-8°, 17 cm. (Bibliothèque de la Pléiade ; 14).
P. F. 45668.

I. 3a.-99bis. Montaigne. Essais. Texte établi et annoté par Albert Thibaudet.-Paris, Gallimard, 1950.-In-8°, 17 cm. (Bibliothèque de la Pléiade ; 14).
Coll. 465/14bis.

I. 3a.-100. Montaigne. Essais. Nouvelle édition conforme au texte de l'exemplaire de Bordeaux, avec les additions de l'édition

posthume, les principales variantes, une introduction, des notes et un index par Maurice Rat...-Paris, Editions Garnier Frères, (1952).-In-8°, 19 cm., 3 vol.
Coll. 458/98.

I. 3a.-101. Les Essais de Michel Seigneur de Montaigne. Livre premier [-troisième].-Brie-Comte-Robert, Les Bibliolatres de France, 1953-1955. In-2°, 28 cm., 3 vol. Portrait en frontispice gravé par Paul Lemagny, ill.
F. F. 4554 Rés : Exemplaire en feuilles sous emboîtage d'éditeur. Exemplaire n° 123 spécialement imprimé pour René Chauveau.

I. 3a.-102. Essais : édition présentée, établie et annotée par Pierre Michel.-Paris, Le Club du meilleur livre, 1957.-In-8°, 19,5 cm., 5 vol., ill. (Collection Astrée, 4).
Coll. 1432/4.
Catalogue (1980), 67.

I. 3a.-103. Essais de Michel Eyquem, seigneur de Montaigne. Publiés d'après les textes originaux avec une introduction par Pierre d'Espezel ; illustrés de bois gravés de Paulette Humbert.-Paris, Union latine d'éditions, 1957.-In-8°, 22 cm., 5 vol. Portrait, ill.
P. F. 18688 Rés. : Exemplaire n°3800 sur vélin crème.
Catalogue (1980), 68.

I. 3a.-104. Essais. Nouvelle édition conforme au texte de l'exemplaire de Bordeaux avec les additions de l'édition posthume, les principales variantes, une introduction, des notes et un index par Maurice Rat...-Paris, Garnier, 1958.-In-8°, 19 cm., 3 vol. (Classiques Garnier).
B. I. U., L. 9. 787. II. V. 1.

I. 3a.-105. Les Essais de Michel de Montaigne précédés d'une étude, d'un avertissement et de fac-similés, suivis de notes et d'un index, accompagnés d'un lexique et présentés par Samuel de Sacy d'après le texte de la dernière édition publiée par l'auteur en son vivant, où

l'on a inséré sous une forme distincte et aux emplacements indiqués par Montaigne lui-même toutes les additions manuscrites laissées par lui à sa mort.-Paris, Club français du livre, 1962.-In-8°, 22 cm. Portrait. (Collection les Portiques, 18).
Coll. 1268/18.
Catalogue (1980), 69.

I. 3a.-106. Michel de Montaigne. Essais. Préface de Roger Delbiausse et Camille Marignac. Texte établi et annoté par Marcel Guilbaud. Bois gravés originaux de Jean Peschard.-Paris, Imprimerie nationale, 1962-1965.-In-8°, 21 cm., 5 vol., ill. (Bibliothèque française).
P. F. 21207 : Reliure plein chagrin rouge. Tranche dorée en or 24 carats. Exemplaire sur vergé dauphin de France, n° 1737.
Catalogue (1980), 70.-Catalogue (1992), pl. XXIII.

I. 3a.-107. Montaigne. Essais. Tome I- [III]. Edition conforme au texte de l'exemplaire de Bordeaux avec les additions de l'édition posthume, les principales variantes, une introduction, des notes et un index par Maurice Rat.-Paris, Editions Garnier Frères, 1962.-In-8°, 18,5 cm., 3 vol., ill.
Coll. 458/96.

I. 3a.-108. Michel de Montaigne. Essais. Edition présentée, établie et annotée par Pierre Michel. Préface d'Alain. Tome I [-III].-Paris, Le Livre de poche, 1965.-In-8°, 17 cm., 3 vol. Couv. ill. en couleur. (Le Livre de poche 1396-1398).
P. F. 25370.

I. 3a.-109. Les Essais de Michel de Montaigne. Edition conforme au texte de l'Exemplaire de Bordeaux avec les additions de l'édition posthume, l'explication des termes vieillis et la traduction des citations, une étude sur Montaigne, une chronologie de sa vie et de son oeuvre, le catalogue de ses livres et la liste des inscriptions qu'il avait fait peindre dans sa librairie, des notices, des notes, un appendice sur l'influence des Essais, et un index par Pierre Villey.

Réimprimé sous la direction de V.-L. Saulnier...-Paris, P. U. F., 1965.-In-8°, 20,5 cm.

P. F. 21766 : Reliure d'éditeur. Edition sur papier bible.

I. 3a.-109bis. Essais de Michel de Montaigne. Edition conforme au texte de l'exemplaire de Bordeaux avec les additions de l'édition posthume, les principales variantes, une introduction, des notes et un index par Maurice Rat...-Paris, Garnier frères, 1965.-In-8°, 18,5 cm., 2 vol., 12 pl. (Classiques Garnier).

B. I. U. N. 103. 43. 2.

I. 3a.-110. Essais : reproduction photographique de la deuxième édition (Bordeaux, 1582) avec une introduction par Marcel Françon. Cambridge, Massachusetts, Harvard University, 1969.-In-8°, 23 cm.

M. F. 11989.-P. F. 39088.

Catalogue (1980), 72.

I. 3a.-111. Michel de Montaigne. Essais Livre I [-III]. Chronologie et introduction par Alexandre Micha.-Paris, Garnier-Flammarion, 1969.-In-8°, 18 cm., 3 vol. Couverture ill. (GF 210-212).

P. F. 37997.-P. F. 38080.-P. F. 39021.-P. F. 39022.

I. 3a.-112. Essais : édition présentée, établie et annotée par Pierre Michel.-Paris, Le Livre de poche, 1972.-In-8°, 17 cm., 3 vol. Couverture illustrée en couleur. (Le livre de poche classique 1393-1396).

P. F. 37971.

Catalogue (1980), 73.

P. F. 39018.-P. F. 39019.-P. F. 45773.

Grand Séminaire 30 B 2.

I. 3a.-113. Essais : édition préparée, établie et annotée par Pierre Michel.-Paris, Gallimard, 1973.-In-8°, 18 cm., 3 vol. Couverture ill. en couleur. (Collection Folio, 289-291).

Coll. 2186/87.-Coll. 2186/88.-Coll. 2186/89 (3).

I. 3a. 114. Les Essais de Montaigne. Illustrés par Da Ros ; préface de Simone Garbiès.-Nice, Le Chant des sphères, 1973-1974.-In-4°, 26 cm., 4 vol. ; ill. en couleur.
M. F. 11292 Rés : Exemplaire 1537/2140, sous emboîtage.
Catalogue (1980), 74.

I. 3a.-115. Les Essais de Michel de Montaigne. Edition conforme au texte de l'Exemplaire de Bordeaux avec les additions de l'édition posthume, l'explication des termes vieillis et la traduction des citations, une étude sur Montaigne, le catalogue de ses livres et la liste des inscriptions qu'il a fait peindre dans sa librairie, des notices, des notes, un appendice sur l'influence des Essais, et un index par Pierre Villey. Réédité sous la direction et avec une préface de V.-L. Saulnier. Tome premier [-second].-Paris, P. U. F., 1978.-In-8°, 22 cm., 2 vol.
P. F. 36078.
Catalogue (1980), 76.

I. 3a.-116. Montaigne. Essais. Tome I [-II]. Edition conforme au texte de l'exemplaire de Bordeaux, avec les additions de l'édition posthume, les principales variantes, une introduction, des notes et un index par Maurice Rat.-Paris, Editions Garnier Frères, 1979.-In-8°, 19 cm., 2 vol., ill.
Coll. 458/96.-Coll. 458/97, tome II seul.

I. 3a.-117. Michel de Montaigne. Essais.-Paris, Grands Ecrivains, 1986.-In-8°, 17 cm., 2 vol. (Grands écrivains choisis par l'Académie Goncourt).
Coll. 4482/2 : Reliure de l'éditeur dessinée par Jean-Michel Folon

I. 3a.-117bis. Michel de Montaigne. Essais. Reproduction en fac-similé de l'Exemplaire de Bordeaux de 1588 annoté de la main de Montaigne. I [-III]. Edition établie et présentée avec une introduction par René Bernoulli... Avant-propos de Claude Pichois. Publié avec le concours de la Bibliothèque municipale de

Bordeaux.-Genève-Paris, Editions Slatkine, 1987.-In-2°, 31 cm., 3 vol.
G. F. 5460.

I. 3a.-118. Montaigne. Les Essais. Livre I [-III]. Edition conforme au texte de l'exemplaire de Bordeaux avec les additions de l'édition posthume, l'explication des termes vieillis et la traduction des citations, une étude sur Montaigne, une chronologie de sa vie et de son oeuvre, le catalogue de ses livres et la liste des inscriptions qu'il avait fait peindre dans sa librairie, des notices, des notes, un appendice sur l'influence des Essais, et un index par Pierre Villey, sous la direction et avec une préface de V.-L. Saulnier.-Paris, Quadrige P. U. F., 1988.-In-8°, 20 cm., 3 vol. (Quadrige 94, 95, 96).
Coll. 3938/94.

I. 3a.-119. Essais. Edition présentée, établie et annotée par Pierre Michel.-Paris, Gallimard, 1989.-In-8°, 18 cm., 3 vol. Couverture ill. en couleur. (Collection Folio 1473).
846 MON.

I. 3a.-120. Michel Eyquem de Montaigne. Essais Livre I [-III]. Adaptation et traduction en français moderne par André Lanly... -Paris, Librairie Honoré Champion, 1989.-In-8°, 22 cm., 3 vol.
844 MON.
B. I. U. N 840.
Musée d'Aquitaine Inv. bibl. 14441 (cote 40 B).

I. 3a.-121. Michel de Montaigne. Essais. Livre 1 [-3]-Paris, Flammarion, 1991.-In-8°, 18 cm., 3 vol. (G. F. 210-212).
844 MON, 2 exemplaires.

I. 3a.-122. Montaigne. Les Essais. Livre I [-III]. Edition conforme au texte de l'exemplaire de Bordeaux avec les additions de l'édition posthume, l'explication des termes vieillis et la traduction des citations, une étude sur Montaigne, une chronologie de sa vie et de son oeuvre, le catalogue de ses livres et la liste des inscriptions

qu'il avait fait peindre dans sa librairie, des notices, des notes, un appendice sur l'influence des Essais, et un index par Pierre Villey, sous la direction et avec une préface de V.-L. Saulnier.-Paris, Quadrige, P. U. F., 1992.-In-8°, 20 cm., 3 vol ; (Quadige 94, 95, 96).
844 MON.

I. 3a.-123. Michel de Montaigne. Les Essais. Edition établie et présentée par Claude Piganaud.-Paris, Arléa, (1992). In-8°, 21 cm.
U44 MON.
B. I. U. N 840 MON.

I. 3a.-124. Essais de Montaigne. Nouvelle édition, avec des notes choisies dans tous les commentateurs et la traduction de toutes les citations que renferme le texte. Par M. J.-V. Leclerc. Tome premier. Quatrième édition.-Paris, Garnier Frères, s. d.-In-8°, 18,5 cm. Portrait de Montaigne en frontispice.
D 39724 : Tome I seul.
Grand Séminaire 30 B 2, tome I seul. Demi-reliure basane.

I. 3a.-125. Essais de Michel de Montaigne. Introduction par Emile Faguet.-Edition Lutetia, Paris, Londres, Edimbourg, New York, Nelson, Editeurs, s. d.-In-8°, 16 cm., 2 vol.
Grand Séminaire 30 B 2 : Le tome I manque. Reliure en toile rouge de l'éditeur.

I. 3. b. Editions en langues étrangères.

Allemand.

I. 3b.-1. Essais. Michel de Montaigne ; Auswahl und Übersetzung von Herbert Lüthy.-Zürich, Manesse Verlag, 1953.-In-8°, 15 cm. (Manesse Bibliothek der Weltliteratur).
P. F. 38268.

I. 3b.-2. Essais Michel de Montaigne ; herausgegeben und mit einem Nachwort versehen von Ralph Rainer Wuthenow ; revidierte

Fassung der Übertragung von Johann Joachim Bode.-Frankfurt am Main, Insel Verlag, 1976.-In-8°, 18 cm. Portrait en frontispice, couverture ill.
P. F. 38203.

I. 3b.-3. Die Essais Michel de Montaigne ; ausgewählt übertragen und eingeleitet von Arthur Franz.-Stuttgart, Ph. Reclam, 1980.-In-8° 15 cm. (Universal-Bibliothek).
P. F. 38532.

Anglais.

I. 3b.-4. Essayes written in French by Michael Lord of Montaigne, Knight of the Order of S. Michael, Gentleman of the French King's Chamber : done into english according to the last French edition, by Iohn Florio Reader of the Italian tongue unto the Soveraigne Maiestie of Anna, Quenne of England, Scotland, France and Ireland, etc. And one of the gentlemen of hir Royall Privie Chamber.-London printed by Melch. Bradwood for Edward Blount and William Barret, 1613.-In-2°, 28,5 cm. Lettres ornées, bandeaux, culs-de-lampe gravés sur bois. Portrait de Montaigne en frontispice : Gul. Hole sculp. Les livres II et III son précédés d'une page de titre.
S 221 Rés. : Reliure veau avec encadrements sur le plat supérieur, restaurée par l'atelier de la Bibliothèque municipale de Toulouse. Sur la feuille de garde, ex-libris manuscrit : "Jan. A. Gilys Edin. 1582". Sur la page de titre, ex-libris manuscrit : "John Bayse".
Catalogue (1933), 186.

I. 3b.-5. The Essayes or morall, politike and militarie Discourses of Lo. Michael de Montaigne... The third edition. Wher unto is now newly added an Index of the principall Matters and personages mentionned in this Book.-London, printed by M. Flesher for Rich Rouston, 1632.-In-2°, 28 cm. Titre gravé.
S 222 : Reliure défectueuse. Au v° du plat supérieur de la reliure, ex-libris imprimé : "Coll. Jo. Mackenzie". Au r° du feuillet de

garde, ex-libris : "J. Butler", un mot illisible, et : "Montaine's Essays" Dans les deux plats de la reliure, défaits de textes anciens.

I. 3b.-6. Essays of Michael Seigneur de Montaigne. In three books. With marginal notes and quotations. And on Account of the Author's Life. With a short Character of the Author and Translator, by a Person of Honour. Made English by Charles Cotton... The first-[third] volume. The Third Edition, with the Addition of a compleat Table to each volume, and a full defence of the Author.-London, Printed for M. Gillyflower and W. Hensman, and R. Wellington, and H. Hindmarsh, 1700.-In-8°, 17 cm., 3 vol. Dans le tome I, en frontispice, portrait de Montaigne.
S 4797 : Reliure veau ancien. Sur la page de titre du tome I, à la main : "C M".
Catalogue (1933), 188.

I. 3b.-7. The Essayes of Michael Lord of Montaigne translated by John Florio. The first [-the third] booke.-London, Aldine House, 1897.-In-12, 15,5 cm., 6 vol. Portrait et gravures en frontispice. (The Temple Classics edited by Israel Gollancz).
P. F. 4455 : Reliure éditeur. Ex-libris imprimé : "La Boétie. Montaigne. Donation Paul Bonnefon".
Catalogue (1933), 189.

I. 3b.-8. Essays of Michael Lord of Montaigne. Written in French and done into English by John Florio.-Boston and New York, Houghton Mifflin and Company, 1902.-In-2°, 36,5 cm., 3 vol. Portrait de Montaigne gravé en frontispice. Bandeaux, lettres ornées, ornements typographiques.
S 223 Rés. : Reliure d'éditeur, emboîtage en carton.
Catalogue (1933), 190.

I. 3b.-9. Montaigne's Essays in three volumes. Volume one [-three]. Translated by John Florio. Introduction by I. C. Harmer...-London, Everyman's Library ; New York, Dutton, (1965).-In-8°, 18 cm., 3 vol.
B. I. U, L 312002-440.

I. 3b.-10. The Essays of Michael Seigneur de Montaigne : with notes and quotations account of the author's life. Made English by Charles Cotton... In one volume.-London, New York, Melbourne and Sydney, Ward, Lock, Bowden and C°, (s. d.).-In-8°, 22,5 cm.

B. I. U. 43950 : Reliure éditeur. Sur la page de titre, cachet imprimé : "Ex libris A. de Tréverret".

Catalogue (B. I. U. 1992), 10.

Danois.

I. 3b.-11. Michel de Montaigne. Essais I [-III]. Udvalgt og oversat of Mag. Art. Karen Nyrop Christensen.-Carit Andersens Forlag et Selskabet Bogvennerne (pour les tommes II et III), 1953-1958.-In-8°, 19 cm., 3 vol.

P. F. 45497 Rés. : Don de Else Og. Frederik Thorkelin, d'après une carte de visite jointe au tome I.

Italien.

I. 3b.-12. Saggi di Michel Sig. di Montagna, overo discorsi, naturali, politici e morali, trasportati della lingua Francese nell'Italiana, per opera di Marco Ginammi. Al Clariss. Sig. Sig. Osservandiss. Il Sig. David Spinelli.- In Venetia, Presso Marco Ginammi, 1633.-In-4°, 21 cm., portrait.

P. F. 2991 Rés. : Reliure parchemin d'origine restaurée sur le dos. Sur la page de titre, ex-libris manuscrit : "S. Aug. Jun. (?)". Sur la tranche inférieure : "Saggi dl Montagna".

I. 3b.-13. Michel de Montaigne. Saggi a cura di Virginio Enrico.-Firenze, Edizioni Casini, 1965.-In-8°, 19 cm. Portrait. (Pan Classici delle Letterature di tutto il mondo Francia).

P. F. 39082.

Russe.

I. 3b.-14. Michel Montaigne. Opyty. Perevod A. S. Bobovitch, statia F. A. Kogan-Bernstein.-Moskva, Leningrad, izdatelstvo akademii naouk S. S. S. R., 1960. 21,5 cm., 3 vol. [Michel Montaigne.

Essais. Traduction : A. S. Bobovitch, introduction : F. A. Kogan-Bernstein.-Moscou, Léningrad, Académie des Sciences de l'U. R. S. S., 1960].
P. F. 20888/1-3.

I. 3b.-15. Michel Montaigne. Opyty. Redaktory A. S. Bobovitch, F. A. Kogan-Bernstein, N. Ya. Rikova, A. A. Smirnov 2oie izg.-Moskva, Naouka, 1979. 22 cm., 2 vol. [Michel Montaigne. Essais. Rédacteurs : A. S. Bobovitch, F. A. Kogan-Bernstein, N. Ya. Rikova, A. A. Smirnov. 2ème éd.-Moscou, Naouka, 1979].
P. F. 38063.

I. 3. c. Editions partielles et morceaux choisis.

Français.

I. 3c.-1. L'Esprit des Essais de Michel, Seigneur de Montaigne.-A Paris, chez Charles de Sercy, 1677.-In-12, 16 cm. Frontispice gravé : "Le Doyen fecit".
S 4798 : Reliure veau ancien.

P. F. 7I07 : Le frontispice manque. Sur une carte de visite de Jean Marchand : "Hommage à la Bibliothèque de Bordeaux". Sur la page de titre, ex-libris manuscrit : "Ex lib. G. Robert canonicus Suessionensis 1709".

I. 3c.-2. Pensées de Montaigne, propres à former l'esprit et les moeurs.-A Paris, chez Anisson, 1700.-In-12, 16 cm. Bandeaux, lettres ornées, culs-de-lampe.

S 4818 : Reliure veau marbré. Sur la page de titre, ex-libris manuscrit : "De Bibliothecâ fratrum minorum Conventus Burdigalensis", un autre ex-libris manuscrit, biffé et illisible. Au v° du plat inférieur de la reliure, mention manuscrite : "pag. 31. Lig. 4".

I. 3c.-3. Pensées de Montaigne propres à former l'esprit et les moeurs.-A Amsterdam, chez Henri Desbordes, 1703.-In-12, 14 cm. Frontispice gravé sur cuivre.

S 4819 : Reliure veau ancien. Au v° du plat supérieur de la reliure mention manuscrite : “Acheté 20 l. chez henry libraire ce 5. aoust 1748”. Sur une étiquette imprimée : “De la Bibliothèque de Joseph-Chrisostome Lemoine Prêtre”.

I. 3c.-4. L'Esprit de Montaigne, ou les Maximes, Pensées, Jugemens et Réflexions de cet Auteur, rédigées par ordre de Matieres. Par Charles-Etienne Pesselier Tome premier [-second].-A Berlin, chez Estienne de Bourdeaux, 1753.-In-12, 16,5 cm., 2 vol.
S 4816 : Reliure veau marbré.
S 4836.

I. 3c.-5. L'Esprit de Montaigne, ou les Maximes, Pensées, Jugemens et Réflexions de cet Auteur rédigés par ordre de Matières. Nouvelle Edition. Tome second.-A Berlin, et se vend à Paris, chez Rozet, 1767.-In-12, 17 cm. Bandeaux, lettres ornées, culs-de-lampe.
D 38180/2 : Tome II seul. Reliure veau. Sur la page de titre, cachet : “Petit Séminaire de Bordeaux”.

I. 3c.-6. L'Esprit de Montaigne, ou les Maximes, Pensées, Jugemens et Réflexions de cet Auteur, rédigés par ordre des Matières. Tome premier [-second].-Londres, 1783. In-16, 12,5 cm., 2 vol.
S 4787 : Reliure veau marbré. Le tome I manque le 31. 10. 1991. Au v° du plat supérieur de la reliure du tome II, sur une étiquette imprimée : “Se vend à Bordeaux, chez Bergeret, Libraire, rue et vis-à-vis la Chapelle St. Jean”.
S 4877 : Reliure veau marbré, filets dorés. Au v° du plat supérieur de la reliure du tome II, sur une étiquette imprimée : “Se vend A Bordeaux, chez Bergeret, Libraire, rue et vis-à-vis la Chapelle St. Jean”.

I. 3c.-7. Pensées de Montaigne, propres à former l'esprit et les moeurs. Nouvelle Edition.-A Paris, de l'imprimerie bibliographique, an XIII-1805.-In-12, 15,5 cm.
Grand Séminaire 80 E 3 : Brochage éditeur.

I. 3c.-8. Essais de Michel de Montaigne, Edition épurée précédée d'une notice par M. l'abbé Musart.-Paris-Lyon, Périsse Frères, 1847.-In-8°, 22 cm. (Publication de la Société Saint-Victor).

S 4786 : Couverture brochée.

Catalogue (1933), 164.

Grand Séminaire 30 B 2.

I. 3c.-9. Les Essais : fragments du livre I, chapitre XXIV, fin du chapitre LVI. Edités par E. Courbet et Ch. Royer.-(Paris, A. Lemerre, 1872).-In-8°, 20 cm.

D 76212 : Notes manuscrites de Guillaume Guizot.

I. 3c.-10. Essais de Montaigne. Extraits publiés d'après les éditions primitives avec la vie de l'auteur, une notice bibliographique, une étude sur l'orthographe, la langue et la syntaxe des Essais, des variantes, des notes philologiques, grammaticales et historiques et un glossaire par Eugène Voizard... Troisième édition revue et corrigée.-Paris, Garnier Frères (1881).-In-18, 18 cm. Portrait en frontispice.

S 4793 : Cartonnage d'éditeur.

P. F. 237 : Cartonnage d'éditeur. Sur une étiquette, ex-libris imprimé : "La Boetie. Montaigne. Donation Paul Bonnefon".

A. P. 10403 : Cartonnage d'éditeur.

D. U. 18250.

I. 3c-11 Extraits de Montaigne, avec table bibliographique, étude, notes explicatives et glossaire par Eugène Réaume, ...-Paris Librairie classique d'Eugène Belin, 1881.-In-12, 18,5 cm.

A. P. 15620 : Cartonnage d'éditeur.

I. 3c.-12. Extraits de Montaigne avec table bibliographique, étude, notes explicatives et glossaire par Eugène Réaume.-Paris, Librairie classique Eugène Belin, Vve Eugène Belin et fils, 1883.-In-12, 18 cm.

S 4794 : Cartonnage éditeur.

P. F. 11067 : Cartonnage éditeur.

I. 3c.-13. Montaigne. Essais. Lettres. Journal de voyage. Extraits publiés conformément au texte original avec une introduction, un lexique et des notes par L. Petit de Juleville... Troisième édition.- Paris, Librairie Ch. Delagrave, 1886. In-12, 17 cm.
S 4795 : Cartonnage éditeur.

I. 3c.-14. Michel de Montaigne. De l'Institution des enfants (Essais, liv. I, chap. XXV) et extraits pédagogiques publiés avec une notice, une analyse et des notes par G. Compayré.-Paris, Librairie Hachette et Cie, 1888.-In-8°, 17,5 cm. (Collection des principaux ouvrages pédagogiques français et étrangers).
D 76233.

I. 3c.-15. Michel de Montaigne. De l'Institution des enfants avec étude et notes explicatives par Eugène Réaume...-Paris, Librairie classique Eugène Belin, Vve Eugène Belin et fils, 1889.-In-8°, 19 cm.
Br. 13556.

I. 3c.-16. Michel Eyquem de Montaigne. Extraits par L. Petit de Juleville.-Paris, Ch. Delagrave, 1893.-In-12, 17,5 cm.
P. F. 233 : Cartonnage éditeur. Provient du legs Bonnefon.

I. 3c.-17. Extraits de Montaigne d'après le dernier texte publié par l'auteur (Edition de 1588). Avec une introduction et des notes philosophiques, littéraires et grammaticales, par l'Abbé Félix Klein, l'Abbé Victor Charbonnel.-Paris, Librairie Ch. Poussielgue, 1895.-In-18, 16 cm. (Alliance des maisons d'éducation chrétienne)
P. F. 232 : Cartonnage d'éditeur. Sur une étiquette, ex-libris imprimé : "La Boetie. Montaigne. Donation Paul Bonnefon". Paul Bonnefon (9 septembre 1861-11 avril 1922), auteur d'études sur Montaigne et La Boétie, a donné à la Bibliothèque sa bibliothèque personnelle riche de plus de 7000 volumes).

I. 3c.-18. Extraits de Montaigne avec Table bibliographique, étude, notes explicatives et glossaire par Eugène Réaume.-Paris, Librairie classique Eugène Belin, Belin frères, (1896).-In-24, 17,5 cm.

P. F. 235 : Cartonnage d'éditeur. Sur une étiquette, ex-libris imprimé : "La Boetie. Montaigne. Donation Paul Bonnefon".

I. 3c.-19. Extraits des Essais de Montaigne avec introduction, notes, glossaire explicatif des mots difficiles et sentences détachées par E. Talbot... Troisième édition.-Paris, Imprimerie et librairie classiques Maison Jules Delalain et fils, Delalain frères successeurs, 1896.-In-12, 17,5 cm.

P. F. 236 : Cartonnage d'éditeur. Sur une étiquette, ex-libris imprimé : "La Boetie. Montaigne. Donation Paul Bonnefon".

I. 3c.-20. Montaigne. Principaux chapitres des "Essais" publiés avec des notices et des notes par A. Jeanroy...-Paris, Librairie Hachette, 1897.-In-8°, 15,5 cm.

P. F. 638 : Cartonnage d'éditeur.

I. 3c.-21. Pilules apéritives à l'Extrait de Montaigne préparées ad usum Medici necnon cujusdam Alius par Pierre Pic.-Paris, G. Steinheil, 1908.-In-18, 19 cm. Portrait en couleur en frontispice ; ill.

S 4796.

D. U. 7936.

I. 3c.-22. La Moëlle de Montaigne.-Paris, Librairie ancienne Honoré Champion, 1912.-In-8°, 20 cm.

Br. 8590 : Exemplaire n° 140.

I. 3c.-23. Montaigne. Textes choisis et commentés par Pierre Villey, ...-Paris, Librairie Plon, (1912).-In-12, 19,5 cm. Portrait. (Bibliothèque française. XVIe siècle).

P. F. 1384.-P. F. 4944 : Cartonnage éditeur.-A. P. 18597.

I. 3c.-24. Montaigne. Oeuvres choisies disposées d'après l'ordre chronologique. Avec Introduction, Bibliographie, Notes, Grammaire, Lexique et Illustrations documentaires par René Radouant...-Paris, Librairie Hatier, 1914.-In-32, 18 cm. Portrait, ill. (Collection des auteurs français d'après la méthode historique publiée sous la direction de M. Ch.-M. Desgranges).

P. F. 234 : Sur le faux titre, ex-dono : "à Paul Bonnefon cordial hommage. R. Radouant". Provient du legs Bonnefon.
P. F. 1792.

I. 3c.-25. Montaigne. Préface d'Anatole France.-Paris, J. Povolozky et Cie. , (1922).-In-8°, 19 cm. Portrait. (Collection "Le sphinx de Delphes". Extraits des grands Moralistes).
D. U. 7933.

I. 3c.-26. Montaigne. De l'Institution des enfants. Edition critique avec une Introduction et des Notes par G. Michaut...-Paris, E. de Boccard, 1924.-In-4°, 25 cm.
D 43845.-A. P. 10311.

I. 3c.-27. Montaigne. Oeuvres choisies disposées d'après l'ordre chronologique. Avec Introduction, Bibliographie, Notes, Grammaire, Lexique et Illustrations documentaires par René Radouant... Troisième édition.-Paris, Librairie Hatier, 1924.-In-8°, 18 cm. Portrait de Montaigne en frontispice. (Collection d'auteurs français d'après la méthode historique publiée sous la direction de Ch.-M. Desgranges).
Grand Séminaire 30 B 2 : Reliure de l'éditeur. Sur la page de titre, cachet : "R. B. Robert 17, rue du Hâ, 17 Bordeaux".

I. 3c.-28. Michel de Montaigne. De l'Amitié. Estienne de la Boetie vingt et neuf sonnets.-Paris, La Connaissance, 1926.-In-8°, 25 cm.
D 76358 : Exemplaire n° 295.

I. 3c.-29. Les Essais de Michel de Montaigne. Extraits, notices et annotations par Georges Roth...-Paris, Librairie Delagrave, 1929. In-8°, 17 cm. (Collection Pallas).
P. F. 44314 : Demi-reliure chagrin rouge.

I. 3c.-30. Montaigne. Essais.-Paris, Editions du Monde Moderne, (1930). In-8°, 17 cm. Portrait en frontispice, ill.-(Les Grands classique illustrés).
P. F. 44315 : Demi-reliure chagrin bleu.-D 55048.

I. 3c.-31. Montaigne. Principaux chapitres et extraits des “Essais” publiés avec des notices et des notes par A. Jeanroy...-Paris, Librairie Hachette, (1934).-In-8°, 15 cm.
P. F. 24462 : Cartonnage d’éditeur.

I. 3c.-32. Les Essais de Michel de Montaigne. Edition entièrement nouvelle établie d’après le Manuscrit de Bordeaux, présentant en trois corps de caractères distincts les trois Etats du Texte 1580, 1588, 1595, reproduisant aussi exactement que possible l’orthographe même de Montaigne. Plus précise que les précédentes en ce qui concerne les divisions et subdivisions des chapitres, et accompagnée d’un appareil plus complet de Variantes, de Notes, de Sommaires, d’Index de la fin, avec quarante portraits et illustrations. Préparée (1870-1895) par Guillaume Guizot... Complétée et achevée (1902-1936) par Auguste Salles...-Macon, Protat Frères, 1935.-In-8°, 24 cm.
Spécimen.
Br. 3826 Rés. : Avec cette dédicace : “en Hommage à la Bibliothèque de la ville de Bordeaux. En souvenir de sa belle exposition et ses fêtes du 4e Centenaire de Montaigne. A. Salles, 17 septembre 1935”.

I. 3c.-33. Montaigne. Du Pédantisme (Essais, I, 25). Edition critique avec une Introduction et des Notes par G. Michaut...-Paris, E. de Boccard, 1936.-In-8°, 24 cm.
Br. 20895.

I. 3c.-34. Montaigne. Des Livres (Essais, II, 10). Edition critique avec une Introduction et des Notes par G. Michaut...-Paris, E. de Boccard, 1936.-In-4°, 24 cm.
Br. 20896.

I. 3c.-35. Les Pages immortelles de Montaigne. Choisies et expliquées par André Gide.-Paris, Editions Corrêa, 1939.-In-12, 18 cm.
P. F. 7148.-A. P. 10361.

I. 3c.-36. Le Breviaire de Montaigne. Extraits des Essais recueillis d'après le texte du manuscrit de Bordeaux.-Paris, Editions d'Histoire et d'Art, Librairie Plon, 1943.-In-12, 17 cm.
P. F. 7993.

I. 3c.-37. Montaigne. Choix de textes et introduction par Edmond Gilliard.-(Fribourg), Egloff, (1944).-In-8°, 18 cm. (Le Cri de la France).
D 55040.

I 3c.-38. Trois Essais de Montaigne (I-39-II-1-III-12) expliqués par Georges Gougenheim... et Pierre-Maxime Schuhl.-Paris, Librairie philosophique J. Vrin, 1951.-In-8°, 18 cm. (Bibliothèque des textes philosophiques).
Coll. 500/3.

I. 3c.-39. Montaigne par lui-même. Images et textes présentés par Francis Jeanson.-Paris, Aux éditions du Seuil, (1951). In-12, 18 cm. Ill., fac-similés.
Coll. 590/4.

I. 3c.-40. Montaigne. Les Essais lus par Paul Galleret.-Paris, Club du livre du mois, (1961). In-8°, 20 cm., portrait et pl.
P. F. 18196 : Reliure éditeur avec la reproduction de la signature de Montaigne.

I. 3c.-41. Montaigne. Essais. Transcrits à l'intention du lecteur moderne par Michel Toesca...- (S. l.), 1963.-In-8°, 18,5 cm., ill. (Meilleur livre du mois).
P. F. 20634 : Reliure éditeur.-P. F. 20637.

I. 3c.-42. Montaigne ou la Conscience heureuse. Présentation, choix de textes ; bibliographie par Marcel Conche...-Paris, Seghers, 1964. In-8°, 16 cm. (Philosophes de tous les temps).
Coll. 1049/14.

I. 3c.-43. Montaigne. Essais. Pages choisies avec une notice biographique, une notice littéraire et des notes explicatives par

René Pintard...-Paris, Librairie Hachette, 1969.-In-8°, 18 cm. Portrait de Montaigne au chapeau sur la couverture. (Classiques illustrés Vaubourdelle, 44).
D. L. 39206.

I. 3c.-44. Montaigne... Une étude... par Roger Judrin. Un choix de textes de Montaigne...-Paris, Seghers, 1971.-In-8°, 16 cm., ill. (Ecrivains d'hier et d'aujourd'hui ; 37).
Coll. 932/37.

I. 3c.-45. Montaigne. Essais. Livre premier [-troisième]. Extraits avec une Notice biographique, une Notice historique et littéraire des Notes explicatives, une Documentation thématique, un Questionnaire et un Index des thèmes par Daniel Ménager... Edition remise à jour.-Paris, Librairie Larousse, 1972-1973.-In-8°, 17 cm., 3 vol. Portrait en frontispice, ill. (Nouveaux classiques Larousse spécial documentation thématique).
P. F. 33962.

I. 3c.-46. Essais de Montaigne. Choix et présentation par Paul Galleret.-Paris, Union générale d'éditions, (1978).-In-8°, 18 cm. Couverture illustrée, ill.
Coll. 1309/1272.

I. 3c.-47. Essais extraits ; analyse critique par Françoise Charpentier, ...-Paris, Hatier, 1979.-In-8°, 18 cm. (Profil d'une oeuvre, 65).
Br. 18380.-Br. 18730.

I. 3c.-48. Essais. Livre III, chap. 9 : "De la vanité" de Montaigne édité par Bernard Croquette, ...-Paris, Editions Pédagogie moderne, 1981.-In-8°, 18 cm., ill., couverture illustrée. (Lectoguide 2).
P. F. 40598.

I. 3c.-49. Montaigne 1533-1592. Choix établi par André Silvaire.-Paris, A. Silvaire, 1986.-In-8°, 12 cm. (Maximes et pensées).
Coll. 2312/7.

I. 3c.-50. Montaigne. De la vanité Essais, III, 9. Préface d'André Comte-Sponville.-Paris, Rivages poche, (1989).-In-8°, 17 cm. Couverture illustrée en couleur. (Petite Bibliothèque Rivages 63).
P. F. 51156.

I. 3c.-51. De America. Préface de Rugiero Romano.-Unesco, Editions Utz, 1991.-In-8°, 21 cm. Couverture illustrée. (Collection Unesco d'oeuvres représentatives série européenne).
844 MON.

I. 3c.-52. Montaigne ou la conscience heureuse. Choix de textes. Ed. Marcel Conche.-Treffort, Mégare, 1992.-In-8°, 16 cm. Ill. en noir.
844 MON.

I. 3c.-53. Montaigne de la Vanité. Préface d'André Comte-Sponville. Paris, Rivages poche, 1992.-In-8°, 17 cm. Couverture illustrée en couleur.-(Petite Bibliothèque Rivages 63).
844 MON.

I. 3c.-54. Petit vade-mecum Montaigne composé par Claude Barousse ; Actes Sud, (1992).-In-8°, 19 cm.
844 MON.

I. 3c.-55. Michel de Montaigne. De l'Institution des enfants. Apologie de Raymond Sebon. La mort de La Boetie.-Paris, Henri Gautier, (s. d.).-In-8°, 18,5 cm. (Nouvelle Bibliothèque populaire).
Br. 5166.

I. 3c.-56. Montaigne. Essais. Livre III, chapitre VIII de l'art de conférer.-Paris, Carus, (s. d.).-In-12, 18,5 cm. (Etudes sur les chefs d'oeuvre de la littérature française).
D. L. 37877.

I. 3c.-57. Essais de Montaigne. Extraits publiés d'après les éditions primitives avec la vie de l'auteur, une notice bibliographique, une étude sur l'orthographe, la langue et la syntaxe des Essais, des variantes, des notes philologiques, grammaticales et historiques et un glossaire, par Eugène Voizard... Nouvelle édition revue et

corrigée.-Paris, Garnier Frères, (s. d.).-In-8°, 18 cm. Portrait en frontispice.
D. U. 18250 : Cartonnage éditeur. Sur le faux-titre, ex-libris manuscrit : "J. Lapique élève-maître. Ecole Normale de Dax 1884-1885".

I. 3c.-58. Montaigne. De la Vanité (III, IX). Commentaire par G. Michaut. Fascicule I [-II].-Paris, Centre de documentation universitaire, Tournier et Constans, (s. d.).-In-4°, 27,5 cm. ("Les Cours de Sorbonne").
D 76529.

I. 3c.-59. Montaigne "Des Cannibales" par Jean Plattard...-Paris, Centre de Documentation universitaire, Tournier et Constans, (s. d.). In-4°, 27,5 cm. ("Les Cours de Sorbonne").
D 76530.

Anglais.

I. 3c.-60. Montaigne selected Essays Edited by Arthur Tilley... and A. M. Boase.-Manchester, University Press, 1934.-In-8°, 19 cm. Portrait. (Modern Language Texts. French Series : Modern Section).
P. F. 6102 : Reliure éditeur. Sur le v° du plat supérieur de la reliure, à l'encre : "With Arthur Gilly's compliments in gratitude for a morning spent in company with the famous copy of Montaigne Essays in April 1869. March 24, 1934", écrit sur un papier à en-tête imprimé : "2, Selwyn Gardens, Cambridge Tel. 1167".

I. 3c.-61. Essays. Michel de Montaigne ; translated with an introduction by J. M. Cohen...-Harmontsworth, Middlesex, Penguin Books, 1958.-In-8°, 18 cm. Couverture illustrée en couleur. (Penguin Classics).
P. F. 38088.

I. 3c.-62. Montaigne. Selections from the Essays. Translated and edited by Donald M. France...-Arlington Heights, (1961).-In-8°, 18,5 cm. (Crofts Classics).
P. F. 38531.

I. 3c.-63. Essais ; selected and edited by J. Carol Chapman and François J.-L. Mouret.-London, The Athlone Press of the University of London, 1978.-In-8°, 20 cm.
P. F. 38269.

Espagnol.

I. 3c.-64. Montaigne. Paginas escogidas. Seleccion y commentario de Pierre Villey. Traduccion de E. Diez Canedo.-Madrid, Calleja, 1917. In-16. Frontispice. (Biblioteca Calleja. 2da serie).
Institut d'Etudes ibériques.

Italien.

I. 3c.-65. Discorsi morali, politici, et militari ; del molto illustre sig. Michiel di Montagna... Tradotti dal Sig. Girolamo Naselli dalla lingua Francese nell'Italiana. Con un Discorso se il forasterio si deve admettere alla administratione della Republica. All'Illustriss. e Eccell. Sig. Don Cesare d'Este.-In Ferrara, per Benedetto Mamarello, 1590.-In-8°, 14,5 cm.
S 4792 Rés. : Demi-reliure parchemin. Au v° du plat supérieur de la reliure, ex-libris imprimé : "Jucunda oblivia vitae sollicitae".

I. 3c.-66. Michel de Montaigne. Saggi scelti a cura di Gianni Nicoletti. Ristampa della nuova edizione.-Torino, Unione tipografico-Editrice Torinense, 1969.-In-8°, 18 cm. (Collana di Traduzioni I Grandi Scrittori stranieri fondata da Arturo Farinelli. Diretta da Giovanni Vittorio Amoretti).
P. F. 39081.

I. 4. Journal de voyage.

Français.

I. 4.-1. Journal du Voyage de Michel de Montaigne en Italie, par la Suisse et l'Allemagne en 1580 et 1581. Avec des Notes par M. de Querlon. Tome premier[-second].-A Rome, et se trouve à Paris, chez Le Jay, 1774.-In-12, 16,5 cm., 2 vol. En tête du tome I, frontispice portrait de Montaigne au chapeau.

H 6361.
B. I. U. Rés. 196.
Catalogue(B. I. U. 1992), 60.
A. D., 4 L 138. reliure veau marbré. Tome II seul.
Sayce (1970), A.

I. 4.-2. Journal du voyage de Michel de Montaigne en Italie, par la Suisse et l'Allemagne, en 1580 et 1581 ; Avec des Notes par M. de Querlon.-A Rome, et se trouve à Paris, chez Le Jay, 1774. In-4°, 28 cm. En frontispice, portrait de Montaigne "au chapeau" : "A. de S[t]. Aubin Sculp.".
H 2118 Rés. : Reliure veau marbré avec filets dorés. Au v° de la page de garde, étiquette imprimée : "Librairie ancienne et moderne de A. Durand, 7, rue des Grés, Paris".
Catalogue (1933), 192.
H 2116 : Reliure veau marbré avec filets dorés. Au v° du plat supérieur de la reliure, étiquette imprimée : "Ce livre se vend A Bordeaux, chez Bergeret, Libraire, rue du Pas St. George". Sur la page de titre, cachet de l'Académie royale des sciences de Bordeaux.
Sayce (1970), B.
H 2117 : Reliure veau marbré avec filets dorés sur les plats. Au v° du plat supérieur de la reliure, ex-libris imprimé : "Labbé de La Porte Vicaire Général de Bordeaux".
B. I. U. 11346 (Rés. 421) : Reliure veau fauve.
A. M. G-5/20 : Demi-reliure maroquin bleu.
Grand Séminaire 80 E 3 : Reliure veau marbré. Au v° du plat supérieur de la reliure : "Acheté à la vente de la Bibliothèque Drême et à Bordeaux le Mercredi 18 9bre 1896, f. 12,50 plus les frais 0, 15 soit 13, 25", Voir : *Vente du 17 au 30 novembre 1896. Hôtel des ventes Rue de Grassi, 12, Bordeaux. Catalogue de la Bibliothèque de feu M. Drême Premier Président honoraire près la Cour d'Agen*, Bordeaux, 1896, n° 1755.

I. 4.-3. Journal du Voyage de Michel de Montaigne en Italie, Par la Suisse et l'Allemagne en 1580 et 1581. Avec des Notes de M. de Querlon. Tome premier [-troisième].-A Rome, et se trouve à Paris, chez Le Jay, 1774.-In-12, 14,5 cm., 3 vol. En tête du tome I, portrait gravé de "Montaigne au chapeau".
H 6360 : Reliure veau. Au v° de la page de garde des trois tomes, armes imprimées non identifiées. Au tome III, en face de la page de titre, page de titre en italien : Giornale del Viaggio di Michel de Montagna in Italia, per gli Svizzeri, e per l'Allemagna nel 1580 e 1581. Con qualche Annotazione di M. Bartoli. Tomo Terzo.-A Roma, e si trova a Parigi, presso il Librajo Lejay".
Sayce (1970), C.
A. P. 8375.
A. P. 26154 : Relié en un seul volume. Au v° du feuillet de garde, ex-libris manuscrit : "Felix Barrêre".

I. 4.-4. Journal du Voyage de Michel de Montaigne en Italie par la Suisse et l'Allemagne en 1580 et 1581. Nouvelle édition avec des Notes par le Prof. Alexandre d'Ancona.-Città di Castello, S. Lapi, 1889.- En face : Prof. Alessandro d'Ancona. L'Italia alla fine del secolo XVI Giornale del Viaggio di Michele de Montaigne in Italia nel 1580 e 1581. Nuove Edizione del testo francese ed italiano con note ed con Saggio di Bibliografia dei Viaggi in Italia.-Città di Castello, S. Lapi, 1889.-In-8°, 18,5 cm.
H 6363.
Catalogue (1933), 194.
P. F. 231 : Provient du legs Bonnefon. Manque en avril 1993.

I. 4.-5 Montaigne. Journal de voyage publié avec une introduction, des notes, une table des noms propres et la traduction du texte italien de Montaigne par Louis Lautrey.-Paris, Librairie Hachette et Cie, 1906.-In-8°, 20 cm.
H 6362.-D. U. 18946.
B. I. U. 57423 : Sur le faux-titre, sur un cachet, ex-libris : "G. Alix".-4558.

A. M. C. 7/34 : Demi-reliure maroquin rouge.

I. 4.-6. Journal de Voyage de Michel Seigneur de Montaigne publié d'après les textes originaux par Pierre d'Espezel.-Paris, A l'enseigne de la Cité des Livres, 1931.-In-16, 18 cm.
P. F. 4841.
Catalogue (1933), 197.
D 46170 : Exemplaire n° 172 sur vergé à la forme des papeteries d'Arches.

I. 4.-7. Michel de Montaigne. Journal de Voyage en Italie par la Suisse et l'Allemagne. Introduction et notes d'Edmond Pilon. Illustré de huit hors-textes.-Paris, Les Oeuvres représentatives, 1932.-In-8°, 18,5 cm.
P. F. 5270.
Catalogue (1933), 198.
P. F. 7025.
B. I. U. XD 10185.
Catalogue (B. I. U 1992), 34.

I. 4. -8. Montaigne. Journal de voyage en Italie par la Suisse et l'Allemagne en 1580 et 1581. Nouvelle édition établie sur le texte de l'édition originale de 1774, avec les principales variantes des autres éditions, une introduction, un appendice et des notes par Maurice Rat. -Paris, Librairie Garnier Frères, (1942). -In-8°, 17 cm. (Classiques Garnier).
Coll. 458/76.

I. 4. -9. Montaigne. Journal de voyage en Italie par la Suisse et l'Allemagne en 1580 et 1581. Texte établi avec introduction, notes et variantes par Charles Dédéyan... -Paris, Société Les Belles Lettres, 1946. -In-8°, 20 cm. (Les Textes français. Collection des Universités de France publiée sous le patronage de l'Association Guillaume Budé).
Coll. 292/45. -D. U. 7384.

I. 4. -10. Montaigne. Journal de voyage en Italie par la Suisse et l'Allemagne. Préface du comte de Saint-Aulaire... Nouvelle édition Unifiée avec une notice historique et des notes par Paul Faure... -Paris, Bordas, 1948. -In-8°, 23 cm. Cartes. ("Les Grands Maîtres").
P. F. 39221.

I. 4. -11. Journal de voyage en Italie par la Suisse et l'Allemagne en 1580 et 1581. Nouvelle édition établie sur le texte de l'édition originale posthume de 1774, avec les principales variantes des autres éditions, une introduction, un appendice et des notes par Maurice Rat,... -Paris, Garnier frères, 1955. -In-82, 18, 5 cm. (Classiques Garnier).
B. I. U. N. 103-43-1 et L. 9787-II-5-2.

I. 4. -12. Les Hommes de la Renaissance. Michel de Montaigne. Journal de voyage de Michel de Montaigne en Italie par la Suisse et l'Allemagne en 1580 et 1581.-Paris, Editions d'Art Lucien Mazenod, (1962).-In-8°, 25 cm. Ill. Portrait de “Montaigne au chapeau” sur la reliure.
Coll. 967/28.
B. I. U. X A 37-28.

I. 4.-13. Montaigne. Journal de voyage en Italie. Edition présentée, établie et annotée par Pierre Michel.-Paris, Livre de poche, (1974).-In-8°, 16,5 cm. Carte, couverture ill. en couleur. (Livre de poche classique, 3957).
P. F. 32182.-P. F. 39020.

I. 4.-14. Michel de Montaigne. Journal de voyage. Edition présentée, établie et annotée par Fausta Garavini.-Paris, Gallimard, 1983.-In-8°, 18 cm. Couverture ill. en couleur. (Collection Folio 1473).
Coll. 2186/125.
B. I. U.

I. 4.-15. Journal de voyage de Michel de Montaigne édition présentée établie et annotée par François Rigolot...-Paris, PUF, (1992).-In-8°, 22 cm.
844 MON.
B. I. U. XD 840.

Anglais.

I. 4.-16. The Journal of Montaigne's travels in Italy by way of Switzerland and Germany in 1580 and 1581, translated and edited with an Introduction and Notes by W. G. Waters in three volumes. Vol. I [-III].-London, John Murray, 1903.-In-8°, 17 cm., 3 vol. Portrait en frontispice.
B. I. U 42240 : Reliure éditeur.
Catalogue (B. I. U 1992), 29.

Italien.

I. 4.-17. Viaggio in Italia di Michel de Montaigne (1580-1581). II Edizione.-Milano, Valentino Bompiani, 1947.-In-8°, 20 cm.
P. F. 12352 : Reliure éditeur.

I. 4.-18. Viaggio in Italia. Montaigne.-Bari, Laterza, 1972.-In-4°, 25 cm., ill., couverture ill. (Grandi Opere).
M. F. 15382.

I. 5. Livre de Raison.

I. 5.-1. Michaelis Beutheri Franci Ephemeris historica. Ejusdem de annorum mundi concinna dispositione libellus.-Parisiis, ex Officina Michaelis Fezandat et Robert Granion, 1551.-In-8°
MS. 1992 : Reliure en vélin blanc endommagée. L'exemplaire qui a servi de livre de raison à Montaigne et à sa famille est mutilé et détérioré. Il fut redécouvert au milieu du XIXe siècle ; d'après Bonnefon, il appartenait en 1855 à M. Octave de La Rose qui le communiqua au docteur Payen. Anatole de Monzie, alors Ministre de l'Instruction publique, l'amena à l'exposition organisée par la

Ville de Bordeaux en 1933 ; il aurait, alors, appartenu au fils de l'archéologue Camille Enlart. Il fut vendu, à Londres, en 1933 et acquis par Lucius Wilmerding. Acquis par l'Etat, à la vente du 6 mars 1951 à New York, il fut donné à la Ville de Bordeaux, par Julien Cain, voir : Louis Desgraves, "Le Livre de Raison de Montaigne à la Bibliothèque municipale de Bordeaux", dans *Bulletin de la Société des Bibliophiles de Guyenne*, 1951, p. 1-2.
Catalogue (1957), 161.-Catalogue (1966), 7.-Villey (1933), I, p. 81.
Catalogue (1992), pl. XXXV.

I. 5.-2. Le livre de raison de Montaigne sur l'Ephemeris historica de Beuther. Reproduction en fac-similé avec introduction et notes publiée par Jean Marchand. Préface de M. Abel Lefranc.-Paris, Compagnie française des Arts graphiques, 1948.-In-8°, 23,5 cm., pl.
M. F. 3837.-M. F. 3838.-M. F. 3839 Rés.-A. P. 10402.-D. U. 17196.
B. I. U Rés 655 : Notes manuscrites de Charles Beaulieux, ancien conservateur de la Bibliothèque de la Sorbonne.
A. M. D 7/17.

I. 5.-3. Photographie du Beuther avec, collé en tête, l'article de René Johannet, "Le Livre de raison de Montaigne", dans *L'Illustration*, 27 février 1932.
A. M. D 7/18.

I. 6. La Théologie naturelle de Ramon Sabunde.

Français.

I. 6.-1. La Theologie naturelle de Raymond Sebon docteur excellent entre les modernes, en laquelle par l'ordre de Nature, est demonstrée la verité de la Foy chrestienne et catholique, traduite nouvellement du Latin en François.-A Paris, chez Gilles Gourbin, 1569. In-8°, 16,5 cm. Bandeaux, lettres ornées, gravés sur bois.

T 4377 Rés. : Au XIXe siècle, cet exemplaire a été relié en deux volumes. En haut de la page de titre : “ex lib. A. de Pontac protopraesidii catal. inscriptus” : Arnaud de Pontac (1599-1681), président au Parlement de Bordeaux en 1631, premier président en 1653, avait hérité de la bibliothèque de son grand oncle, Arnaud de Pontac, évêque de Bazas, qu'il continua d'enrichir. Sur la page de titre, une main du XIXe siècle a ajouté : “Par M^{el} de Montaigne”.

Catalogue (1933), 200.-Catalogue (1957), 155.

B. I. U. Rés. 673 : Reliure avec filets dorés. Au v° du premier plat de la reliure, longue note manuscrite. Sur le r° du premier feuillet de garde, à l'encre : “Exemplaire provenant de la Bibliothèque de Ferdinand Brunetière”. Sur la page de titre, ex-libris biffés et illisibles.

Catalogue (B. I. U. 1992), 3.

I. 6.-2. La Theologie naturelle de Raymond Sebon. Traduicte en François par Messire Michel, Seigneur de Montaigne... Derniere edition, reveue, corrigée et augmentée.-A Tournon, par Claude Michel et Thomas Soubron, 1605.-In-8°, 17 cm.

P. F. 1615 Rés. : Sur la page de titre, ex-libris manuscrit : “ad usum ff. Capucin. conv. Burde Catal. Inscriptus”. Provient du Grand Séminaire de Bordeaux ;

Catalogue (1933), 201.-Catalogue (1957), 156.

I. 6.-3. La Theologie naturelle de Raymond Sebon. Traduite en François par Messire Michel, Seigneur de Montaigne... Derniere Edition reveue et corrigee.-A Paris, chez Daniel Guillemot, 1611.-In-8°, 17 cm.

T 4378 : Reliure veau ancien, filets dorés. Sur le feuillet de garde, ex-libris manuscrit : “John Perirusse (?)”.

Catalogue (1933), 202.

I. 6.-4. Pascal (Blaise). I. Entretien avec de Saci sur Epictète et Montaigne. II. De l'Autorité et du progrès en philosophie. Suivi d'[extraits de l'Apologie de Raymond de Sebonde] de

Montaigne... , par M. Guyau.-Paris, Ch. Delagrave, 1875.-In-8°, 19 cm. (Nouvelle collection d'ouvrages philosophiques).
D 55042.

I. 6.-5. Michel de Montaigne. L'Apologie de Raymond Sebond. Texte établi et annoté par Paul Porteau...-Paris, Fernand Aubier, 1937.-In-8°, 22 cm.
P. F. 6790.
B. I. U. 7136 A. Cet exemplaire porte la mention suivante : "présenté à la Faculté des Lettres de Paris comme thèse complémentaire pour le Doctorat".

I. 6.-6. Montaigne. Apologie de Raymond Sebond.- (S. l.), Nord-Sud, 1946.-In-8°, 21 cm.
P. F. 44317.

I. 6.-7. Montaigne. Apologie de Raimond Sebond. Préface de Samuel Sylvestre de Sacy.-Paris, Gallimard, 1967.-In-8°, 18 cm. (Idées. Série Philosophie, 133).
194 MON.

Italien.

I. 6.-8. Apologia di Raimondo di Sebonda saggio di Michiel Signor di Montagna, nel quale si stratta della debolezza, et incertutudine del discorso humano. Trasportato dalla lingua Francese nell'Italiana, par opera di Marco Ginammi. All'Illustrissimo Sig. Il Sig. Annibale Mariscotti.-In Venetia, Appresso Marco Ginammi, 1634.-In-4°, 22 cm.
S 1244.
Catalogue (1933), 203.

I. 7. Edition des Oeuvres de La Boétie.

I. 7.-1. La Menagerie de Xenophon. Les Regles du mariage de Plutarque. Lettre de consolation de Plutarque à sa femme. Le tout traduict de Grec en François par feu M. Estienne de La Boetie

Conseiller du Roy en sa court de Parlement à Bordeaux. Ensemble quelques Vers Latins et François de son invention. Item, Un Discours sur la mort dudit Seigneur de La Boetie, par M. de Montaigne.-A Paris, de l'Imprimerie de Federic Morel, 1571. In-8°, 16,5 cm. Lettres ornées, bandeaux, gravés sur bois.

P. F. 1758 Rés : Reliure basane, filets dorés sur les plats. Cet exemplaire renferme, à le fin, les Vers françois de feu Estienne de La Boetie, qui manquent souvent. Il a été acheté à la vente Dezeimeris, voir : Dezeimeris (Catalogue), 112. Au v° du plat supérieur de la reliure, est collée cette note manuscrite de R. Dezeimeris :

"Les annotations manuscrites qui se lisent sur les marges de ce volume sont de la main de Michel de Montaigne. La vérification de l'écriture a été faite en présence de Mrs. Gergerès et Rancoulet bibliothécaires de la ville de Bordeaux et la confrontation avec l'exemplaire des Essais corrigés de la main de l'auteur, n'a laissé aucun doute possible sur l'identité de l'écriture.

"J'ai acheté ce volume à la vente de M. de Lamontaigne à Bordeaux lequel savait parfaitement que les annotations étaient de Montaigne et qui conservait un autre volume portant la double signature de Montaigne et de La Boetie.

"La reliure en Basane de ce livre est celle qu'avait adopté Mr. de Lamontaigne ; il est probable qu'avant d'être livré au relieur cet exempl. possédait un feuillet de garde où était la signature de Montaigne. C'est probablement sur cette preuve qui n'existe plus que M. L. avait pu constater que le vol. provenait de la Bibl. de Montaigne".

Au v° du feuillet de garde, à l'encre rouge : "Ex Libris R. Dezeimeris". Sur la page de titre, ex-libris manuscrit illisible.

Catalogue (1933), 205.-Catalogue (1957), 174.-Catalogue (1966), 127.

II. LIVRES DE LA BIBLIOTHÈQUE DE MONTAIGNE

II.-1. Bible.-[Texte grec]-Divinae Scripturae veteris ac novi Testamenti, omnia, innumeris locis nunc demum, et optimorum librorum collatione, et doctorum virorum opera, multo quam unquam antea emendatiora, in lucem edita. Cum Caes. Maiest. Gratia privilegio ad quinquennium.-Basileae, par Ioan. Hervagium, 1545.-In-2°, 33,5 cm. Marque typographique. Caractères grecs, Bandeaux, lettres ornées gravés sur bois.

G. F. 277 coffre : Reliure plein veau brun encadre d'un filet doré et d'un filet estampé ; médaillon au centre des plats représentant une figure et portant l'inscription DIDO. Restaurée, en 1980, par l'atelier de Toulouse : le dos du XVIIIe a été monté à la fin du volume. Sur la page de titre : "Ex Libris Carmelitarum discaleatorum Conventus S^tae^ mariae de Salute Chartrons", et, d'une autre écriture : "Cat. ins. 1726" ; biffé : "sum Joannis Galdeny" ; biffé : "Metivier" ; en bas, signature autographe : "Montaigne", avec un trait sur le o abréviatif de l'n ; toutes les signatures de Montaigne sont identiques, sauf sur Denys d'Halicarnasse (II, 14). Exemplaire provenant du Grand Séminaire de Bordeaux.

Bonnefon, XII.-Masson, 1.-Villey (1933), I, 82-83.-Catalogue (1936), 79.-Catalogue (1966), 8.

II.-2. Saint Justin.-[Titre en grec] [Opera graece].-Lutetiae, ex officina Roberti Stephani, 1551.-In-2°, 31 cm. Marque typographique et lettres ornées gravées sur bois.

G. F. 287 Rés. : Reliure ancienne veau fauve restaurée, en 1980, par l'atelier de Toulouse, avec double filet d'encadrement sur les plats ; plats et dos ornés. Exemplaire à grandes marges. En bas de la page de titre, ex-libris manuscrit : "Montaigne". Entré à la Bibliothèque, en 1911, à l'occasion du versement des livres du Grand Séminaire.

Catalogue (1933), 32.-Catalogue (1936), 82.-Masson, 2.-Catalogue (1966), 9.-Catalogue (1992), pl. XXIX.

II.-3. Boniface VIII.-Bonifatius Papa VIII, Sextus liber decretalium. Liber sextus decretalium tum vetustis tum novis exemplaribus collatis exacte recognitus : integritatis pristine restitutus exit in lucem cum scholiis : casibusque patentissimis : et cum notabilibus sententiis ac glossis haud indecenter distinctis : quibus interferuntur nonnulle adnotationes ex utilissima Joannis Andree novella decerpte. Adduntur ad hunc librum consanguinitatis et affinitatis arbores ; necnon utiles doctorum sententie non tantum textus et glossas presentes : sed et alia multa in utroque iure contenta resolventes : quas arte et diligentia nuper collegit Jacobus Fontanus Burgensis utriusque iuris mystes ex commentariis Archidiaconi Jo. and. Dominici Petri de ancharano. Philippi Franci Breviario doctoris Vanhel Lectura Dyni et aliorum authorum voluminibus. Apposite sunt etiam in calce totius operis Regule iuris cesarei numero CCXIIII. Ex quibus sumpte sunt regule iuris pontificii. Adiectas insuper literas rubro colore impressas ac in capite textus positas invenies ; que ad alias textui insertas (quo glosse facilius inveniri possint) lectorem dirigunt. Ad lectorem distichon. Hoc eme pre reliquis lector dilecte volumen. Nam tibi voluenti nil nisi vera dabit.-Lugduni, in edibus G. de Villiers, 1528.-In-4°, 22 cm. Caract. goth. noirs et rouges. Page de titre dans un encadrement gravé sur bois. Lettres ornées et gravures gravées sur bois. Texte rubriqué entouré de la chaîne des commentaires.

P. F. 6921 coffre : Reliure plein veau XVIe, restaurée en 1980 par l'atelier de Toulouse : les anciennes contre-gardes en parchemin ont été montées à la fin du volume. Décor estampé à froid sur les plats et sur le dos. En bas de la page de titre, ex-libris manuscrit : "Montaigne". A l'intérieur du volume, nombreux passages soulignés à l'encre, notes manuscrites, dans les marges, d'une écriture du XVIe aux ff. XII$^{r°}$, XIII$^{v°}$, XXVI$^{r°}$, XXXV$^{v°}$, XXXVI$^{v°}$, XXXVII$^{v°}$, XLIX$^{r°}$, LXXI$^{v°}$, LXXII$^{v°}$, XCVIII$^{v°}$, CI$^{v°}$, CVII$^{r°}$, CXIX$^{v°}$, CXX$^{r°}$. CXXV$^{v°}$, CXXVI$^{v°}$, CXL$^{r°}$,

CXLIIIv°, CXLVIIIr°, CLIXv°, CXCVIIIv°, CCv°, CCXIIr°, CCXXXIIr°. Colophon, au v° du dernier f. A la fin du volume, un parchemin collé par le restaurateur de la reliure : "A. De la Boetie. De La Boetie", d'une écriture moderne : "Antoine et Etienne". Au v° du dernier f. blanc : "de laboetie". D'après Bonnefon, XVIII, cette signature serait celle de l'oncle d'Etienne de La Boétie, Estienne de La Boétie, sieur de Bouilhonnac. Avant la page de titre, une note de Jules Delpit est collée sur un onglet :

"Ce volume portait le n° 600bis dans le catalogue de la bibliothèque de mr de Lamontaigne, faite à Bordeaux, en 1857, par les héritiers de mr le baron d'Adeler.

"Le bas de la première page porte la signature de Michel Montagne. A la fin du volume, le verso d'un feuillet de papier blanc porte le nom de Laboetie. En face de ce nom, dans la marge du parchemin qui renforce le plat de la couverture on distingue à peine un autre nom de Laboetie ecrit d'une autre main et effacé immediatement après avoir été écrit. Ces deux noms ne paraissent pas avoir été ecrits par Arnaud ou Etienne de Laboetie ainsi que le témoignent les deux calques authentiques de leurs signatures dans un âge mur, que j'ai rapproché de ces deux signatures ou jeux de plume.

"Quoiqu'il en soit, ce volume qui porte au commencement le nom de Montaigne et à la fin celui de Laboetie est tres interessant. Il ma été adjugé aux enchères onze francs 50 centimes, et je l'ai cédé à la bibliothèque de la ville de Bordeaux au prix d'adjudication. Mr Francisque Michel m'en avait offert seance tenante cinquante francs et mr le docteur J. F. Payen, si connu par ses travaux sur Montaigne en eut donné volontiers cent soixante douze francs 50 centimes ainsi que le constate sa lettre que j'ai jointe au volume.

Jules Delpit".

La lettre de Payen, sur une feuille de papier au liseret noir, est collée sur un onglet, à la fin du volume :

"Dimanche 26
avril 1857

Heureux mortel ! et vous vous taisez ! Que n'étais-je là, Hélas ! je vous aurais peut être fait concurrence, car moi aussi, peut être, j'aurais attaché du prix aux signatures de nos amis communs.

"Ah ! il s'est trouvé des gens assez osés pour vous offrir 5 ou 6 fois le prix de votre adjudication ! les gaillards ! ils ont du coeur à vendre et de l'argent dans la bourse ! peut être que des gens qui ont le coeur dans la poitrine vous en eûssent offert 15 fois votre mise !

"J'ai dit que je n'étais pas là ! sans doute au lieu d'être immobile sur un grabat depuis deux mois pour une chute qui parait au moins avoir fracturé en long l'os de la cuisse et qui a probablement causé d'autres désordres

"parlez moi donc de votre trouvaille, envoyez moi le calque des signatures, donnez moi le titre du livre.

"Où en êtes vous de votre droit du seigneur, et aussi de votre travail de Bénédictin ?

"Les Bordelais m'abandonnent depuis quelque temps.

"Je crois vous avoir parlé de ce que je préparais depuis quelque tems, un relevé de ce qui dans les essais demande des explications et n'en pas reçu des éditeurs. Vous recevrez par la poste votre exemplaire un de ces jours.

"Voulez vous me rendre le service de jeter à la poste ces deux lettres. je ne suis pas sur de l'adresse de Michel verifiez la.

"Votre tout dévoué et affectionné

J. F. Payen"

Voir Lamontaigne (Catalogue), p. 16, n° 601bis, avec cette simple mention : Liber sextus Decretalium. 1528. 1 vol. in-4°".

Bonnefon, XVIII.-Catalogue (1933), 85.-Album Montaigne, XX.-Masson, 3.-Catalogue (1966), 10.-Catalogue (1992), pl. XXIV.

II.-4. Masuer (Jean).-Masuerii iurisconsulti galli Practica forensis, castigatius quam antehac edita et in novis additionibus summariisque aucta et locupletata, ac indice copiosissimo illustrata. Huic adiectus est libellus De Exceptionibus in utroque foro, M. Nepotis à monte Albano : quem librum fugitivum vocant.-

Parisiis, apud Hieronymum et Dionysiam de Marnef, fratres, 1555.-In-8°, 16 cm. Marque typographique.

P. F. 6919 coffre : Reliure parchemin souple restaurée, en 1980, par l'atelier de Toulouse ; les anciens onglets de charnières en parchemin manuscrit ont été montés à la fin du volume. Sur la page de titre, ex-libris manuscrit de Montesquieu : "Ex Biblioth. D. praesidis de Montesquieu Catal. inscr." (Voir : Montesquieu (Catalogue), 933) ; de Montaigne ; de François de Paule Latapie. Au v° du plat supérieur de la reliure, ex-libris manuscrit : "ex-libris Fr. de P^{e} Latapie Bur [déchirure]", et, de la main, de Latapie cette note manuscrite un peu mutilée : "Une petite particularité qui rend cet exemplaire de la Pratique de Masuer remarquable pour les amateurs et digne d'être conservé dans la bibliothèque publique de Bordeaux, c'est qu'après avoir appartenu à Montaigne comme l'atteste son nom écrit de sa propre main, il a passé environ 150 ans après dans la bibliothèque de Montesquieu".

Bonnefon, XXXIX.-Catalogue (1933), 97.-Album Montaigne, XXIX.-Masson, 4.-Montesquieu (1939), 234.-Montesquieu (1948), 74.-Montesquieu (1955), 258.-Catalogue (1966), 11.-Catalogue (1992), pl. XXXI.-Villey (1933), p. 195.

II.-5. Plotin.-Plotini divini illius è Platonica familia philosophi De rebus philosophicis libri LIIII. in Enneades sex distributi à Marsilio Ficino Florentino è graeca lingua in latinam versi, et ab eodem doctissimis commentariis illustrati, omnibus cum graeco exemplari collatis et diligenter castigatis.-Basileae, par Thomam Guerinum, 1559.-In-2°, 31,5 cm. Lettres ornées gravées sur bois.

G. F. 931 coffre : Reliure demi chèvre brune restaurée, en 1980, par l'atelier de Toulouse ; le dos monté sur papier a été mis à la fin du volume ; cette reliure n'est pas la reliure d'origine, sous le papier apparaît une peau brune. Sur la page de titre, ex-libris : "Ridaeus" ; en bas, signature autographe biffée : "Montaigne".

Bonnefon, LV.-Villey (1933), I, p. 218-219.-Catalogue (1933), 100.-Album Montaigne, XXXIII.-Masson, 5.-Catalogue (1966), 12.

II.-6. Léo Hebraeus (Don Jenudah ben Ishaq Abravanel, dit).-Dialoghi di amore, composti per Leone Medico hebreo.-In Venegia, [in casa di figlivoli di Aldo], 1549.-In-8°, 15,5 cm.

P. F. 1301 coffre : Reliure plein parchemin souple restaurée, en 1980, par l'atelier de Toulouse. Provient du Grand Séminaire. Sur le r° du feuillet de garde, devise des Métivier : "odisse inertiam et amare quietem. P. Metivier 1686. maii 16". Sur la page de titre en haut : "Metivier", en bas : "Montaigne", et : "Mentre puoi".

Bonnefon, XXX.-Villey (1933), I, p. 160.-Masson, 6.-Catalogue (1936), 81.-Catalogue (1957), 163.-Catalogue (1966), 13.-Catalogue (1992), pl. XXVIII.

II.-7. Massari (Francesco).-Francisci Massarii Veneti in nonum Plinii De naturali historia librum castigationes et annotationes. Quisquis de natura aquitalium ac remotiore piscium cognitione edoceri cupis, hunc Massarii Commentarium eme et lege. Admiraberis laborem ac ingenium hominis candissimi, qui longè maximam operam in hiis indagandis, ut studiosi iuvarentur, insumpit.-Basileae, 1537.-In-4°, 19,5 cm. Marque typographique, lettres ornées gravées sur bois.

P. F. 9622 coffre : Reliure plein veau avec filet doré d'encadrement et un filet à froid entourant le filet doré ; motif central doré et à froid. Restaurée, en 1980, par l'atelier de Toulouse : les anciens onglets de charnières en parchemin ms. ont été montés à la fin du volume. Sur la page de titre, en haut, ex-libris : "Ex libris Carmelitarum Discalceatorum Conventus s^{tae} Maris de salute du Chartron" ; en bas, signature autographe : "Montaigne".

Bonnefon, XXXVIII.-Villey (1933), I, p. 194-195.-Catalogue (1933), 95.-Album Montaigne, XXVIII.-Masson, 7.-Catalogue (1966), 14.

II.-8. Bacci (Andrea).-Del'Tevere di M. Andrea Bacci medico et filosofo Libri Tre, ne'quali si tratta della natura, et bontà dell'acque, et specialmente del Tevere, et dell'acque antiche di Roma, del Nilo, del Pò, dell'Arno, et d'altri fonti, et fiumi del mondo. Dell'uso dell'acque, et del bevere in fresco, con Nevi, con

Ghiaccio, et con Salnitro. Delle Inondationi, et de remedii, che gli antichi Romani fecero, et che hoggidi si possan fare in questa, et in ogni altra Inondatione. All'Illustrissimo Senato, et Inclito Popolo Romano.-In Venetia, 1576.-In-4°, 19,5 cm. Marque typographique, bandeaux, lettres ornées gravées sur bois.

P. F. 6923 coffre : Reliure pleine chèvre jaspée, restaurée, en 1980, par l'atelier de Toulouse. Au v° du f. de la page de garde : "Ex libris Fr. à P. Latapie Burdigal.", et cette note manuscrite de la main de Latapie : "Cet exemplaire est du très petit nombre de ceux qui sont restés de la Bibliothèque de Michel de Montaigne. Il a écrit lui même son nom au dessous du millesime avec l'abbreviaon de on à son ordinaire. Je possède un Denys d'Halicarnasse pur grec, de la même bibliothèque" (Voir : II.-14)En haut de la page de titre : "455" et un paraphe ; en bas de la page de titre, signature autographe : "Montaigne", et : "1060".

Bonnefon, VII.-Villey (1933), I, p. 79.-Catalogue (1933), 83.-Album Montaigne, XVIII.-Masson, 8.-Catalogue (1966), 15.

II.-9. Arcolani (Giovanni).-Practica Ioannis Arculani Veronensis particularium morborum omnium, in qua partium corporis humani anatome, morbi, symptomata, causae, ac signa, atq ; omninò universa medendi ratio, et remedia adeo apertè, et copiosè traduntur, ut nullum aliud opus medicinae studiosis hoc uno esse videatur utilius. Magna diligentia cum probatis exemplaribus collata, et plurimis locis emendata Ioannis Marinelli Formiginensis Medici opera : cuius tum scholia in plurima, tum explicationes in quindecim Rasis capita ab Arculano praetermissa eduntur. Instrumenta verò chirurgica, quae in opere hic, illic ab Authore citantur, ea sunt ad finem secundi indicis depicta. Indices duo insunt : alter quidem rerum, ac vocum scitu dignarum locupletior, quam antea : alter verò capitulorum operis totius.-Venetiis, ex officina Valgrisiana, 1560.-In-2°, 31,5 cm. Marque typographique. Lettres ornées gravées sur bois, fig.

G. F. 928 coffre : Demi-reliure basane moderne restaurée, en 1980, par l'atelier de Toulouse. Sur la page de titre, en haut, ex-libris

manuscrit : "Collegii Burdigalensis Societ. Jesu Catal. inscrip." ; en bas, signature autographe : "Montaigne" ; mention manuscrite : "Ex dono R. Ricard" ; à côté de la marque d'imprimeur, n° d'inventaire de la Bibliothèque, dans un cachet ovale : "967".
Bonnefon III.-Catalogue (1933), 81.-Album Montaigne, XVI.-Masson, 9.-Catalogue (1966), 16.

II.-10. Nizolli (Mario).-Marii Nizolii Brixellensis in M. T. Ciceronem observationes utilissimae. Omnia illius verba, universamque dictionem alphabeti ordine complectentes, totiusque latinae linguae usum methodo tam commoda demonstrantes, ut eae solae omnium grammaticorum, omnium in hoc genere commentariorum vice esse possint. Doctissimorum denuo virorum opera non parva vocum accessione locupletatae : postremaque hac editione innumeris prope modum a mendis summa cura iudicioque repurgatae. Eiusdem Marii Nizolii Libellus, in quo vulgaria quaedam verba et parum latina, ad purissinam Ciceronis consuetudinem emendantur, ab iisdem et accuratius limitatus, et locis non paucis locupletatus. His accessit diversorum Ciceronis exemplarium collatio, qua ceu Thesei filo in singulis locis, qui hîc citantur, investigandis, uti commodissime ac citra negotium licebit.-Lugduni, apud haeredes Seb. Gryphii, 1562.-In-2°, 33 cm. Marque typographique. Lettres ornées gravées sur bois.
G. F. 930 coffre : Reliure demi-chèvre, dos orné, fers romantiques, restaurée, en 1980, par l'atelier de Toulouse. Sous les plats papier apparaît de la peau, ce qui prouve que les plats cartons ont été réemployés et recouverts de cette nouvelle reliure ; le cuir qui apparaît sous le papier est du veau, mais tout épidermé. Le dos romantique a été remonté à la fin du volume. Sur la page de titre, au milieu, ex-libris manuscrit : "ex libris monasterii Sanctae crucis burdigalensis Catalogo inscriptus anno 1693" ; en bas, signature autographe : "Montaigne".
Bonnefon, XLV.-Villey (1933), I, p. 202-203.-Catalogue (1933), 99.-Album Montaigne, XXXI.-Masson, 10.-Catalogue (1966), 17.-Catalogue (1992), pl. XXXIV.

II.-11. Petrus Victorius.-Petri Victorii Commentarii longe doctissimi in tres libros Aristotelis de arte dicendi, nunc primum in Germania editi. Cum locuplete rerum et verborum in iisdem memmorabilium indice.-Basilleae, ex officina Ioannis Oporini, 1549.-In2°, 32 cm.

G. F. 929 coffre : Reliure pleine peau restaurée par l'atelier de Toulouse, en 1980. Les anciens onglets de charnières manuscrits en parchemin ont été montés à la fin du volume. L'étiquette mise sur la contre-garde du plat supérieur a été récupérée. En haut de la page de titre, ex-libris manuscrit : "ad usum FF. minorum recollectorum burdigale" ; en bas, signature autographe : "Montaigne". Dans les marges, quelques mots, en grec, qui ne sont pas de Montaigne.

Bonnefon, LXXI.-Villey (1933), I, p. 264.-Catalogue (1933), 104. Album Montaigne, XXXVIII.-Masson, 11.-Catalogue (1966), 18.

II.-12. Hygin.-C. Iulii Hygini Augusti liberti Fabularum liber, ad omnium poetarum lectionem mire necessarius, et nunc denuo excusus. Eiusdem Poeticon astronomicon libri quatuor quibus accesserunt similis argumenti, Palaephati de fabulosis narrationibus, Liber I. F. Fulgentii Placiadis episcopi Carthaginensis Mythologiarum libri III. Eiusdem de vocum antiquarum interpretatione, Liber I. Phurnuti De natura deorum, sive poeticarum fabularum allegoriis, speculatio. Albrici philosophi de deorum imaginibus liber. Arati φαινομένων fragmentum, Germanico Caesare interprete. Eiusdem Phaenomena graece, cum interpretatione latina. Procli de sphaera libellus, graece et latine.-Index rerum et fabularum in his omnibus scitu dignarum copiosissimus.-Basileae, per Ioannem Hervagium, anno 1549. Mense Martio.-In-2°, 31 cm. Lettres ornées, marque typographique, fig. gravées sur bois dans le texte.

G. F. 927 coffre : Reliure veau fauve restaurée, en 1980, par l'atelier de Toulouse. En haut de la page de titre, ex-libris manuscrit : "Collegii Burdigalensis Societ. Jesu Catal. inscript." ; en bas, signature autographe : "Montaigne", et, en dessous : "Ex dono D. Ricard".

Bonnefon, XXXIII.-Villey (1933), I, p. 165-166.-Catalogue (1933), 90.-Album Montaigne, XXV.-Masson, 12.-Catalogue (1966), 19.-Catalogue (1992), pl. XXVII.

II.-13. Polizione (Angelo Ambrogini, dit).- [Tome-I] Angeli Politiani Operum tomus primus. Epistolarum libros XII. ac Miscellaneorum centuriam 1. complectens. Indicem rerum calci operis adiecimus.-Lugduni, apud Seb. Gryphium, 1550.-In-8°, 17 cm. Marque typographique, lettres ornées.

PF. 6920 coffre : Reliure pleine chèvre brune estampée d'un double encadrement de filets, fleurons aux angles de l'encadrement intérieur et fleuron central ; dos nu. Restaurée, en 1980, par l'atelier de Toulouse ; un ancien onglet de charnière en parchemin manuscrit a été monté à la fin du volume. Ce volume est entré à la Bibliothèque à la suite des confiscations révolutionnaires. Au v° du plat supérieur de la reliure, mention manuscrite : L2" ; au r° de la feuille de garde, d'une écriture du XVIIe : "Ex libris petri pauli de Prugue dono D. Juncquerey". Sur la page de titre, ex-libris manuscrit : "ex libris Cong. missionis domus burd. cat. inscriptus" ; en bas de la page, signature autographe : "Montaigne". Au v° de la feuille de garde précédant le plat inférieur de la reliure, mention manuscrite, d'une écriture du XVIIe : "Ex libris petri pauli de Prugue dono dni de Juncquerey april. 1644. Cum altero tomo" (Pierre-Paul Prugue, conseiller au Parlement).

[Tome II :] Angeli Politiani Operum tomus secundus. Continens ea, quae ex graeco in latinum convertit. Quorum catalogum sequenti pagella reperies.-Lugduni, apud Seb. Gryphium, 1545.-In-8°, 17 cm. Marque typographique, lettres ornées.

[Relié à la suite] Operum Angeli Politiani tertius tomus, Eiusdem Praelectiones, Orationes, et Epigrammata complectens : quorum catalogum versa pagella reperies.-Lugduni, apud Seb. Gryphium, 1546.-In-8°, 17 cm. Marque typographique, lettres ornées.

Les deux volumes ne portent pas le même décor sur les plats. Le tome I porte la date de 1550, le tome II porte la date de 1545 : ce sont deux volumes dépareillés mis sous une même cote.

P. F. 6920 coffre : Reliure XVIe, décor à froid restaurée, en 1980, par l'atelier de Toulouse. Le volume est entré à la Bibliothèque à la suite des confiscations révolutionnaires. Au v° du plat supérieur de la reliure, mention manuscrite : "L 2". Sur la page de titre, ex-libris manuscrit : "ex libris Cong. burde. mission. Cat. inscript." ; en bas, signature autographe : "Montaigne". Au v° de la page de garde précédant le plat inférieur de la reliure, d'une écriture du XVIIe : "Ex libris petri pauli de Prugue".

Bonnefon, LVII.-Villey (1933), I, p. 221-222.-Catalogue (1933), 102.-Album Montaigne, XXXIV et XXXV.-Masson, 13.-Catalogue (1966), 20.-Catalogue (1992), pl. XXV.

II.-14. Denys d'Halicarnasse.- [Texte grec] Dionysii Halicarnassei antiquitatum Romanarum Lib. X. Ex Bibliotheca regia.-Lutetiae, ex officina Rob. Stephani, 1546.-In-2°, 34,5 cm. Marque typographique. Bandeaux, lettres ornées, caractères grecs.

[A la suite :] [Texte grec] Dionysii Halicarnassei de compositione, seu orationis partium apta inter se collocatione ad Rufum. Eiusdem, artis Rhetoricae capita quaedam, ad Echecratem. Item quo genere dicendi sit usus Thucydides, ad Ammaeum.-Lutetiae, ex officina Rob. Stephani, 1547.-In-2°, 34,5 cm. Marque typographique, bandeaux, lettres ornées, caractères grecs.

G. F. 865 coffre : Reliure plein veau brun avec doubles encadrements de trois filets à froid ; fleurons dorés aux coins extérieurs de l'encadrement intérieur. Fleurons dorés au centre des plats. Dos orné d'un petit fleuron aux entre-nerfs. Titre dans le deuxième entre-nerfs. Restaurée, en 1980, par l'atelier de Toulouse : les onglets de charnières en parchemin manuscrit ont été montés en fin de volume. Au v° du plat supérieur de la reliure : "double du n° dinscription 1429. et déplacement. 1699." ; Au r° de la page de garde, de l'écriture de Montaigne : "Michael Motanus Burdigalesis / 1551/18/" (Ouvrage acquis par Montaigne, en 1551, à l'âge de 18 ans). D'après Bonnefon, XIX, "l'analogie de l'écriture de cette mention n'est pas absolue avec celle de Montaigne, pour lui être attribuée avec certitude. On touve quelques notes manuscrites sur les marges, qui ne sont assurément pas de Montaigne". Il semble que l'authenticité de cette mention ait été mise en doute, à tort, par Bonnefon ; elle est, en effet, confirmée par Latapie : au v° de la page de garde, ex-libris manuscrit de François de Paule Latapie : "Ex libris Fr. a P. Latapie artium Aquit^ae Inspector", suivi de cette mention manuscrite de Latapie : "Cet exemplaire est du très petit nombre de ceux qui restent de la Bibliothèque de Montaigne. Il a signé lui même son nom en latin au f° recto de ce feuillet ci. La reliure est aussi du meme tems.

"Quant à l'edition c'est la premiere qui ait paru, et elle est surtout remarquable par la beauté des caractères et du papier, et la correction typographique".

En-dessous, d'une écriture du XIXe : "donné à la Bibliotheque de la ville par lheritier de m. Latapie, son neveu". Sur la page de titre, ex-libris manuscrit en caractères grecs :"

Collée sur un onglet, entre le feuillet de garde et la page de titre, une lettre de Arnaud de Mondenard, secrétaire de la Ville de Bordeaux, du 4 novembre 1825 :

"A Monsieur Monbalon conservateur de la Bibliothèque de la ville.

Monsieur,

M. Latapie annonce à M. le Maire qu'il a acquis dans l'intention de l'offrir à la ville, un Denis d'halicarnasse qui a appartenu à Montaigne et qui provient de la Bibliothèque de feu M. Latapie.

"M. le Maire me charge d'avoir l'honneur de vous transmettre l'autorisation qu'il vous donne de recevoir cet intéressant ouvrage.

"Agréez, Monsieur, l'assurance de ma considération distinguée.

Le Secrétaire de la ville

A. de Mondenard

"A Monsieur Monbalon Conservateur de la Bibliothèque de la Ville".

Bonnefon, XIX.-Villey (1933), I, p. 123-124.-Catalogue (1933), 88. -Album Montaigne, XXI.-Masson, 14.-Catalogue (1966), 21.-Catalogue (1992), XXVI.

II.-15. Panvinio (Onofrio).-Onuphrii Panvinii Veronensis Fratris Eremitae Augustiniani Romanorum principum et eorum quorum maxima in Italia imperia fuerunt Libri IIII. Eiusdem de Comitiis imperatoriis Liber. In quo universa Imperatorum eligendorum ratio ab Augusto Caesare usque ad Imperatorem Carolum V Augustum saepius immutata, explicatur. Item Imperii Romani divisio in Occidentale et Orientale, cum alterius excidio, eiusque per Carolum Magnum et Othonem Augustos restitutio referuntur. Cum Caes. Maiest. gratia et privilegio.-Basileae, per Henricum Petrum, 1558.-In-2°, 31,5 cm. Marque typographique ; lettres ornées gravées sur bois.

G. F. 286 coffre : Reliure plein parchemin souple, restaurée, en 1980, par l'atelier de Toulouse. Sur le v° du feuillet de garde, d'une écriture du XIXe : "Ce volume a appartenu à l'auteur des Essais, Michel de Montaigne, dont il porte sur le frontispice la signature autographe". En bas de la page de titre, signature autographe : "Montaigne". On trouve des notes manuscrites, p. 108, ligne 3 ; p. 262, ligne 21 ; p. 345, ligne 25. Provient du Grand Séminaire de Bordeaux.

Bonnefon, XLIX.-Villey (1933), I, p. 207.-Masson, 15.-Catalogue (1936), 80.-Catalogue (1957), 164.-Catalogue (1966), 22.

II.-16. Egnazio (Giovanni Battista Cipelli, dit).-Caesarum vitae post Suetonium Tranquillum conscriptae. Quarum autores sunt : hi, Dion Cassius Nicaeus. Aelius Spartianus. Iulius Capitolinus. Aelius Lampridius. Vulcatius Gallicanus. Ioan. Baptistae Egnatii Veneti in eosdem Annotationes.-Lugduni, Apud Seb. Gryphium, 1551.-In-12, 11,5 cm., 2 vol. Marque typographique.

P. F. 6647 coffre : Reliure restaurée, en 1980, par l'atelier de Toulouse. Sur la page de titre du premier volume, en haut, "ex dono dom. praesidis Barbot" ; en bas, signature autographe :

"Montaigne". En haut de la p. 3 : "ex dono praesidis Barbot". Dans les deux volumes, passages soulignés à l'encre qui semblent être de Montaigne, d'après Bonnefon, XXII.

Bonnefon, XXII.-Catalogue (1933), 89.-Album Montaigne, XXII.-Masson, 16.-Catalogue (1966), 23.-Villey (1933), I, p. 136.

II.-17. Mauro (Lucio).-Le Antichita della cita di Roma brevissimanente raccolte da chiunque ha scritto, ò antico, ò moderno ; per Lucio Mauro, che ha voluto particolarmente tutti questi luoghi vedere : onde ha corretii di molti errori, che ne gli altri scrittori di queste antichità si leggono. Et insieme anco Di tutte le Statue antiche, che per tutta Roma in diversi luoghi, e case particolari si ueggono raccolte e descritte, per M. Ulisse Aldroandi ; opera non fatta piu mai da scritor alcuno. Con privilegio.-In Venetia, Appresso Giordano Ziletti, all'insegna della stella, 1558.-In-16, 15 cm.

P. F. 6918 coffre : Reliure plein parchemin souple restaurée, en 1980, par l'atelier de Toulouse ; les anciens onglets de charnières ont été montés à la fin du volume. Au milieu de la page de titre, ex-libris : "ex libris Carmelitarum discalc. Charton. ; en bas : "Voysin" (un des deux frères Joseph ou Pierre de Voysin, fils de Jehan-Guy de Voysin, jurat de Bordeaux en 1616 ?) ; signature autographe : "Montaigne".

Bonnefon, XL.-Villey (1933), I, p. 195.-Catalogue (1933), 98.-Album Montaigne, XXX : -Masson, 17.-Catalogue (1966), 24.

II.-18. Streinnius (Ricardius).-Gentium et familiarum Romanarum stemmata. Richardo Streinnio barone Schuvarzenavio auctore. Ad illustrissimum principem Carolum Archiducem Austriae.-Excudebat Henricus Stephanus illustris viri Huldrici Fuggeri typographus, 1559.-In-2°, 34 cm. Marque typographique.

G. F. 862 coffre : Reliure parchemin souple restaurée, en 1980, par l'atelier de Toulouse ; les anciens onglets de charnières en parchemin manuscrit ont été montés à la fin du volume. Sur la page de titre : "P. Campanus M. Montano d. d." (D'après Bonnefon,

LXV, il s'agit d'un membre de la famille de Martial Deschamps, médecin de la ville de Bordeaux, originaire du Périgord) ; "ex dono dom. praesidis Barbot" ; cachet de l'Académie de Bordeaux : "Biblioth. publ. de l'Acad. roy. des sciences de Bordeaux", avec la devise : "Crescam et lucebo" ; en bas, signature autographe : "Montaigne".

Bonnefon, LXV.-Villey (1933), I, p. 247-248.-Catalogue (1933), 103.-Album Montaigne, XXXVI.-Masson, 18.-Catalogue (1966), 25.-Catalogue (1992), pl. XXXIII.

II.-19. Masson (Jean Papire).-Papirii Massoni Annalium libri quatuor : quibus res gestae Francorum explicantur. Ad Henricum tertium regem Franciae et Poloniae.-Lutetiae, apud Nicolaum Chesneau, 1577.-In-4°, 22,5 cm. Marque typographique.

P. F. 6650 coffre : Reliure plein parchemin souple, restaurée, en 1980, par l'atelier de Toulouse. En haut de la page de titre : "Ex dono dom. Praesidis Barbot" ; en bas, signature autographe : "Montaigne", "Dusault", biffé (Sans doute, Jean-Louis Du Sault, avocat à Bordeaux de 1657 à 1702). Sur le dos de la reliure, le mot ANNALIU, qui, d'après Bonnefon, LI, pourrait être de la main de Montaigne.

Bonnefon, LI.-Villey (1933), I, p. 208.-Catalogue (1933), 96.-Album Montaigne, XXXII.-Masson, 19.-Catalogue (1966), 26.

II.-20. Bruni (Leonardo, dit Aretino).-La Historia universale de suoi tempi di. M. Lionardo Aretino. Nella qual si contengono tutte le guerre fatte tra Principi in Italia, et spetialmente da Fiorentini in diversi tempi fino al M CCCC IIII. Con la giunta delle cose fatte da quel tempo fino all'Anno MDLX. Et con l'annotationi poste in margine a suoi luoghi. Riveduta, ampliata, et corretta per Francesco Sansovino.-In Venetia, appresso F. Sansovino, 1561. In-4°, 21,5 cm. Marque typographique.

P. F. 6649 coffre : Reliure plein parchemin souple resataurée, en 1980, par l'atelier de Toulouse. Sur la page de titre : "Coll. Burd. Soc. Jesu Catal. inscriptus" ; en bas, signature autographe : "Montaigne", biffée.

Bonnefon, IV.-Villey (1933), I, p. 67-68.-Catalogue (1933), 86.-Albun Montaigne, XVII.-Masson, 20.-Catalogue (1966), 27.

II.-21. Giovo (Paolo), évêque de Nocera dei Pagani.-Pauli Iovii Novocomensis episcopi Nucerini, Historiarum sui temporis tomus primus, XXIIII libros complectens. Cum indice plenissimo.-Lutetiae Parisiorum, ex officina typographica Michaelis Vascosani, 1553.-In-2°, 34 cm. Marque typographique. Lettres ornées.
[Relié à la suite :] Pauli Iovii Novocomensis, episcopi Nucerini, Historiarum sui temporis tomus secundus. Cum indice plenissimo. Lutetiae, ex officina typographica M. Vascosani, 1554.-In-2°, 34 cm.
G. F. 866 coffre : Reliure plein veau marron, restaurée, en 1980 par l'atelier de Toulouse ; décor d'un filet à froid et d'un filet doré d'encadrement. Fleurons dorés au centre des plats. Titre doré au deuxième entre-nerf. Les anciens onglets de charnières en parchemin ont été montés à la fin du volume. Au milieu de la page de titre, ex-libris manuscrit : "ex Libris carmelitarum discalceatorum con[ven]tus stae mariae De salute Le chartron" ; en bas, signature autographe : "Montaigne". A la fin du volume, notes manuscrites, sur ses enfants, d'Etienne d'Espagnet, né à Bordeaux vers 1590, fils du président Jean d'Espagnet. Conseiller au Parlement de Bordeaux, il possédait, comme son père, une bibliothèque considérable et des manuscrits de Viète, voir : *Correspondance* du P. Marin Mersenne, t. VII, janvier-juillet 1638, Paris, 1962, p. 56.
Bonnefon, XXXIV.-Villey (1933), I, p. 151-152.-Catalogue (1933), 92. Album Montaigne, XXVI.-Masson, 21.-Catalogue (1966), 28.-Catalogue (1992), pl. XXX.

II.-22. Villani (Giovani).-La Prima [-Seconda] parte delle Historie universali de suoi tempi di Giovan Villani cittadino fiorentino, novamente ristampata con tavole necessarie e postille in margine delle cose notabili, fatte par M. Remigio fiorentino : -In Venetia, ad instancia de Giunti di Fiorenza, 1559.-In-4°, 21,5 cm, 2 vol. rel. en un. Marque typographique.

P. F. 6924 coffre : Reliure parchemin souple restaurée, en 1980, par l'atelier de Toulouse ; un onglet de charnière manuscrit en parchemin a été monté à la fin du volume. En haut de la page de titre : "Ex dono dom. Praesidis Barbot" ; au milieu, cachet de l'Académie de Bordeaux ; en bas, ex-libris : "Raguenault" et signature manuscrite : "Montaigne" biffés. Au v° du dernier feuillet, mention manuscrite : "il terzo junio 1634". Au r° du 1er feuillet de garde, une série de chiffres et la devise de Métivier : "Odisse inertiam et amare quietem", et une date : "1694. Jan. 15".

Bonnefon, LXXII.-Villey (1933), I, p. 264-265.-Catalogue (1933), 105.-Album Montaigne, XXXVII.-Masson, 22.-Catalogue (1966), 29.

II.-23. Giustiniani (Pietro).-Petri Iustiniani Patriti Veneti Aloysii F. Rerum venetarum ab urbe condita Historia.-Venetiis, apud Cominum de Tridino Montisferrati, 1560.-In-2°, 30,5 cm. Marque typographique.

G. F. 864 coffre : Reliure plein parchemin souple, restaurée, en 1980, par l'atelier de Toulouse ; les anciens onglets de charnières en parchemin manuscrit ont été montés à la fin du volume. En haut de la page de titre : "Ex dono dom. Praesidis Barbot" ; au milieu, cachet de l'Académie de Bordeaux ; en bas, signature autographe : "Montaigne" Quelques corrections manuscrites qui, d'après Bonnefon XXXV, ne paraissent pas être de la main de Montaigne.

Bonnefon, XXXV.-Villey (1933), I, p. 170.-Catalogue (1933), 93.-Album Montaigne, XXVII.-Masson, 23.-Catalogue (1966), 30.

II.-24. Conestagio (Ieronimo de Frenchi).-Dell'Unione del regno di Portogallo. Alla corona di Castiglia. Istoria. Del Sig. Ieronimo de Franchi Conestaggio gentilhuomo Genovese.-In Genova, appresso Girolamo Bartoli, 1585.-In-4°, 21 cm. Marque typographique.

P. F. 6648 coffre : Reliure plein parchemin souple restaurée, en 1980 par l'atelier de Toulouse ; les onglets de charnières en parchemin manuscrit ont été montés à la fin du volume. En haut de la page de titre, ex-libris manuscrit : "Ex libris Carmelitarum discalceatorum Conventus s^{tae} M^{ae} de Salute chartreux, Cat. insc. 1726" en bas, signature autographe : "Montaigne", endommagée par l'humidité.

Bonnefon XXV.-Villey (1933), I, p. 144-145.-Catalogue (1933), 87.-Album Montaigne, XXIII.-Masson, 24.-Catalogue (1966), 31.

II.-25. Germanicarum rerum quatuor celebriores vetustioresque Chronographi, earum descriptionem ab orbe condito usque ad tempora Henrici IIII. Imperatoris patriae imperiique vindicis et propugnatoris acerrimi, singulari fide et diligentia, quasi continua successione deducentes, ad publicam historiae studiosorum utilitatem in lucem revocati, et longe emendatius quam antea impressi, cum novo indice. Quorum nomina sunt ; Iohannes Turpinus De Vita Caroli Magni et Rolandi. Rhegino abbas Prumiensis diocesis Treviren. Sigebertus Gemblacensis eiusque continuator Robertus de Monte. Lambertus Schaffnaburgensis, alias Hirsfeldensis dictus.-Francoforti ad Moenum, 1566.-In-2°, 32 cm. Marque typographique.

G. F. 863 coffre : Reliure plein veau restaurée, en 1980, par l'atelier de Toulouse, avec un filet d'encadrement, médaillon ovale au centre des plats, doré et estampé ; les anciens onglets de charnières en parchemin manuscrit ont été montés à la fin du volume. En bas de la page de titre, signature autographe : "Montaigne".

Bonnefon, XXVII.-Villey (1933), I, p. 150.-Catalogue (1933), 91.-Album Montaigne, XXIV.-Masson, 25.-Catalogue (1966), 32.

II.-26. Bonfini (Antonio).-Antonii Bonfinii Rerum Ungaricarum decades quatuor, cum dimidia. Quarum tres priores, ante annos XX, Martini Brenneri Bistriciensis industria editae, iamque diversorum aliquot codicum manuscriptorum collatione multis in locis emendatiores : quarta vero Decas, cum quinta dimidia, nunquam antea excusae, Ioan. Sambuci Tirnaviensis, Caes. Maiest. Historici, etc. opera ac studio nunc demum in lucem proferuntur. Una cum rerum ad nostra usque tempora gestarum Appendicibus aliquot, quorum seriem versa pagina indicabit. Accessit etiam locuples rerum et verborum opere memorabilium Index.-Basileae, ex officina Oporiniana, 1568.-In-2°, 36 cm. Marque typographique ; lettres ornées gravées sur bois.

G. F. 861 coffre : Reliure plein veau avec encadrement de deux filets dorés ; dos orné ; les entre-deux nerfs sont ornés d'un encadrement de deux filets dorés et fleuron au centre ; il y a trois fleurons : un lion passant, une étoile ou une mouche avec le monogramme redoublé D. E., de la bibliothèque d'Espagnet. Restaurée, en 1980, par l'atelier de Toulouse : les anciens onglets de charnières en parchemin manuscrit ont été montés à la fin du volume. En haut de la page de titre : "ex libris Carmelitarum discalceatorum conventi ^{tae} Mariae de salute in suburbio du Chartrons" ; en bas, signature autographe : "Montaigne".

Bonnefon, XIII.-Villey (1933), I, p. 90.-Catalogue (1933), 84.-Album Montaigne, XIX.-Masson, 26.-Catalogue (1966), 33.

II.-27. Bugnyon (Philibert).-Chronicon urbis Matissanae. Phil. Bugnonius I. C. concinnavit.-Lugduni, apud Ioan. Tornaesium, 1559. In-8°, 17 cm. Lettre ornée, bandeau gravé sur bois.

Br. 18180 coffre : Reliure plein vélin dans un étui maroquin bleu signé de Zaehnsdorf, à Londres. Au v° du plat supérieur de la reliure, deux ex-libris imprimés : "Bibliothèque du docteur Lucien Graux (voir : *Bibliothèque du docteur Lucien-Graux. Deuxième partie. Choix de précieux livres et manuscrits anciens... Vente à Paris, Galerie Charpentier, samedi 26 janvier 1957*, n° 81) ; et ; "Ex-libris G. de Berny" (voir : *Bibliothèque de M. Gérard de Berny. Première partie...*, Paris, Pierre, Chrétien, 1958, n° 3, avec fac-similé de la page de titre). En bas de la page de titre, signature autographe : "Montaigne". A la fin du volume, on a collé la notice du Catalogue de la vente du docteur Lucien Graux. Acquis par la Bibliothèque, en 1980, pour 11.000 f, à la librairie Paul Jammes, à Paris, *Catalogue 236. Les Humanistes*, n° 153, avec fac-similé de la page de titre.

Villey (1933), I, p. 97.-Catalogue (1992), pl. XXXII.

II.-28. Ausonius (Decimus Magnus).-Ausonius (cura Hieronymi Avancii).-Venetiis, in aedibus Aldi et Andreae Soceri, 1517.-In-8°, 14 cm.
B. I. U. 44289 (Rés. 24) : Reliure veau fauve avec filets dorés du XVIIIe. En bas de la page de titre, signature autographe : "Montaigne". A la fin du dernier feuillet, sous l'ancre aldine ; "Mente si puo" (voir II.- 4), quelques annotations manuscrites qui ne paraissent pas être de la main de Montaigne, ff. 10r°, ggr° et v°. Sur une étiquette : "Cet ouvrage appartient à la Bibliothèque de l'Université de Bordeaux où il est entré sous le numéro : 44.289, le 7 octobre 1906 (Don de Mlle Roulet)". Elise Roullet était la fille de Charles Roullet (3 mai 1769-29 juillet 1847), premier président de la Cour de Bordeaux ;
Bonnefon, V.-Villey (1933), I, p. 78.-Catalogue (B. I. U. 1992), 1.

II.-29. Lusignan (Le P. Etienne de), O. P.-Description de toute l'isle de Cypre, et des Roys, Princes et Seigneurs, tant Payens que Chrestiens, qui ont commandé en icelle : contenant l'entiere Histoire de tout ce qui s'y est passé depuis le Deluge universel, l'an 142 et du monde 1798, jusques en l'an de l'incarnation et nativité de Jésus-Christ mil cinq cens soixante et douze. Par R. Père F. Estienne de Lusignan de la Royale maison de Cypre, Lecteur en Theologie, aux Freres Prescheurs, de present à Paris : composée premierement en Italien et imprimée à Bologne la Grasse et maintenant augmentee et traduite en François.-A Paris, chez, Guillaume Chaudiere, 1580.-In-4°, 21 cm.
B. I. U. 44290 (Rés. 64) : Reliure veau fauve du XVIIIe. Sur la page de titre, ex-libris manuscrit biffé et illisible ; ex-libris manuscrit : "Mariae de Salute Burdegal. Cat. Inscript." ; en bas, signature autographe : "Montaigne". Au v° du premier plat de la reliure, note dactylographiée : "Cet ouvrage appartient à la Bibliothèque de l'Université de Bordeaux où il est entré sous le numéro : 44.290, le 6 octobre 1906 (Don de Mlle Roullet)". Au r° du premier feuillet de garde : "N° 15".
Bonnefon, XXXVI.-Villey (1933), I, p. 190.-Catalogue (B. I. U. 1992), 2.

III. DOCUMENTS ORIGINAUX SUR MONTAIGNE ET SA FAMILLE

La Bibliothèque possède quatre recueils d'actes intéressant Montaigne et sa famille. Ces recueils ne proviennent pas des fonds anciens de la Bibliothèque, mais ont été achetés à des particuliers ou acquis au cours de ventes aux enchères aux XIXe et XXe siècles. Ce sont :

I. Ms. 738 (I à 5) : Recueil de pièces originales. Ce recueil de documents, parfois cité sous la désignation peu exacte de Titres de la maison de Montaigne a été acheté à l'abbé Germain Sabatier (1805-1875), doyen de la Faculté de Théologie de Bordeaux.

II. Ms. 739 : Recueil d'actes passés par Pierre Eyquem, écuyer, seigneur de Montaigne et de Belneyou, par Pierre Perrea, notaire royal à Saint-Michel, juridiction de Montravel.

III. Ms. 740 : Recueil de pièces relatives aux possessions de la famille Ayquem à Caudrot et à Saint-Macaire.

Ils ont été acquis à une vente d'autographes, faite par Charavay, le 28 juin 1875. Jules Delpit avait constaté, à l'aide d'un inventaire des titres de la maison de Tardes, rédigé en 1762, par Jean Landon, dont il était le possesseur, que ces documents avaient fait partie des archives de cette maison. Voir : A. M., ms. 657 (Fonds Delpit), Inventaire général des titres de la maison noble de Tardes fait par ordre de Messire Etienne Romain David Deléglise... Seigneur de laditte maison noble par les soins de Me Jean Landon commissaire en droits seigneuriaux, habitant de la paroisse de Sciorac en Périgord... en l'année 1762.

Les mss. 738, 739 et 740 sont cités d'après l'analyse faite par Camille Couderc, *Catalogue des manuscrits de la Bibliothèque de Bordeaux*, Paris, 1894, p. 377-408. On n'a retenu ici que les actes intéressant directement Montaigne et sa famille, à partir de la seconde moitié du XVe siècle.

IV. Ms. 2180. Terrier de Montaigne. XVIe siècle. Parchemin, 101 ff. Demi-reliure parchemin.

Le Catalogue (1992), pl. XXXVI, décrit ainsi ce ms. : "Recueil de 97 actes notariés passés entre 1527 et 1558 par le notaire Pierre Perreau pour le compte du père de l'auteur des *Essais*, Pierre Eyquem, seigneur de Montaigne et de Belbeys.

"Les actes (81 d'entre eux) datent surtout de la période 1529-1530, c'est-à-dire de celle qui suivit la mort (1518 ou 1519) de Grimon, père de Pierre Eyquem, et le retour définitif d'Italie, où il guerroyait, de ce dernier. Le but de Pierre était d'assainir la situation de ses biens qui, en effet, était alors confuse.

"On dispose ainsi d'une véritable photographie des domaines de Montaigne et de Belbeys, dans la châtellenie de Montravel, acquise en 1477 par le bisaïeul de l'écrivain, Ramon Eyquem, au moment où Pierre les prenait en main".

Ce document avait appartenu à Ernest Labadie et a été vendu 51 F. en 1918. Voir Labadie (Catalogue), 32, qui donne cette descrption :

"Montaigne. Terrier des maisons nobles de Montaigne et de Belbeys, de la châtellenie de Montravel en Périgord. 1527-1528, in-fol. demi-parch. (Reliure moderne).

"Manuscrit sur parchemin de 128 ff chiffrés de 5 à 178 ; il est incomplet de 50 ff. Tous ces baux à fiefs portent la signature de Perreau, notaire à Montravel, et ont été rédigés pour le compte de "Noble homme Pierre Eyquem, escuyer, seigneur de Montaigne et de Belbeys, demeurant au lieu et maison noble de Montaigne, en la paroisse Saint-Michel, juridiction de Montravel, sénéchaussée de Périgueux".

On ignore l'histoire de ce ms. après la vente Labadie. Il semble qu'il ait appartenu, en dernier lieu, à un restaurateur de livres allemand, émigré aux Etats-Unis avant la dernière guerre. Il a été acheté, en 1982, par la Bibliothèque, au cours d'une vente publique à Cologne (Allemagne). Voir : *Graphik.Handschriften. 28-30 September 1982*, Venator KG., Köln, n° 2679.

Ce recueil de documents a été décrit et analysé par Agnès Paul, *Le terrier de Montaigne à la Bibliothèque municipale de Bordeaux. Mémoire de stage pratique de l'Ecole nationale des chartes*. Juin 1983. Multigraphié.

Les Archives départementales de la Gironde et les Archives municipales de Bordeaux possèdent, elles aussi, des documents originaux sur Montaigne et sa famille. Tous ces documents sont présentés, ici, dans l'ordre chronologique, avec, pour chacun d'eux, le lieu de conservation et la cote. Les dates des actes sont données en nouveau style.

III. 1. 1453, 8 mars. Vente faite par "Bonassias Rampuol, filh de Ramon Rampual", de "Sant Martin de Blancaffort", à "Ramon Ayquem, Marchant, paropian de Sent Miqueu de Bordeu", d'un pré sis en la palu de Bordeu.
Ms. 738 (I), fol. 31.

III.-2. 1454, 8 avril. Reconnaissance faite par "Ramon Ayquem marchant", à "Johan de La Peyra", procureur de l'abbé du monastère de Sainte-Croix. (Trois pièces portant la même date).
Ms. 758 (I), fol. 32-35.

III.-3. 1456, 18 juin.-1457, 19 février.-1457, 2 avril. Reconnaissances faites par "Ramon Ayquem" à "Arnaud de Garos, merchant", 18 juin 1456 ; -par "Ramon de Gaujac" à "Johana Monedey, molher deu noble home Galhard Darssac, donzet", 19 février 1457.- et à "Hugo de La Brossa, abat de l'abadia monastey de Terrasson, en la diocesa de sarlat, guovernador... de l'ospitau de Nostra Dona de Bardenac", 2 avril 1457.
Ms. 738 (I), fol. 61-63.

III.-4. 1457, 13 décembre. Vente faite par "Ayquard Negreu, parropiant de la gleysa Sent Martin d'Aysinas" à "Ramon Ayquem".
Ms. 738 (I), fol. 64.

III.-5. 1460, 28 février. Obligation consentie par "Amaniu de Bocaus, prestre" à "Ramonet Ayquem, de la parropia de Sent Miqueu", pour une somme de 250 francs.
Ms. 738 (I), fol. 67.

III.-6. 1461, 18 novembre. Vente faite par "Guilhem de Mons" à "Ramonet Ayquem" et à "Ramon de Gauyac (al. Lo Cadot)" d'un "appentis, darrey l'ostau deudeyt Guilhem".
Ms. 738 (I), fol. 76.

III.-7. 1462, 26 août. Quittance donnée par "Johanna de La Forcada, vepda" à "Ramon Ayquem, marchant", pour une somme de 60 s. qui lui avait été léguée par "Ramon de Gauyac".
Ms. 738 (I), fol. 78.

III.-7. 1462, 31 août. Quittance donnée par "Vallenssa de Segouas, de Sent Martin de Blanquaffort", à "Ramon Ayquem" d'une somme de 60 s. que "Ramon de Gauyac" lui avait léguée par testament.
Ms. 738 (I), fol. 69.

III.-8. 1463, 18 avril. Quittance donnée à "Ramonet Ayquem, merchant, par "Johanna Maynard, molher de Arnaud Guiraud, de la parropia d'Aysinas", pour tout ce qui lui revenait de la succession de sa mère "Johanna de Gauyac", qui était aussi la mère dudit "Ramon Ayquem".
Ms. 738 (I), fol. 72.

III.-9. 1465, 9 août. Reconnaissance faite par "Trenqua de Moynhac molher de Robin Pinson", à "Ramon Ayquem", pour une maison sise "au loc apperat à la Cambreta".
Ms. 738 (I), fol. 80.

III.-10. 1467, 17 décembre. Vente faite par "Ramon de Claus, parropiant de Sent Martin de Blanquefort", à "Ramon Ayquem", d'un pré sis "en la palu de Bordeu, au loc apparat à Gasquat".
Ms. 738 (I), fol. 81.

III.-11. 1473, 5 juillet. Testament de "Ramon Ayquem, marchant, parropiant de Sent Miqueu et borgues de Bordeu".
Ms. 738 (I), fol. 82.-Edité, *A. H. G.*, X, 1868, p. 411-422.

III.-12. 1477, 22 novembre. Connaissement des marchandises chargées par Raymond Eyquem sur le *Nicolas de Saint-Paul*.
A. D., 3E 85.-Edité, *A. H. G.*, X, 1868, p. 174.

III.-13. 1480, 28 août. Commission donnée par "Nolot Revesques", jurat de Bordeaux, à "Johan Gimel, Bernad de Bertulh, Thibaud Bec", etc. pour faire sur la demande d'"Ysane de Ferranhes" et de "Grimon Ayquem, son filh", et d'après l'inventaire qui en a été dressé, l'estimation des biens que ledit Grimon et "feu Pierre Ayquem son fray", possédaient par indivis.
Ms. 738 (I), fol. 86.

III.-14. 1488, 21 août. Déclaration faite par "Grimon Ayquem" pour la nomination de commissaires chargés de rédiger l'inventaire des biens qu'il possédait avec son frère Pierre.
Ms. 738 (I), fol. 95.

III.-15. 1489, 10 mars. Procuration donnée par Isabeau de Ferraignes, femme de "Jehan d'Anglade", chevalier, à "Pierre Duboys, notaire", pour assister à la rédaction de l'inventaire des biens des frères "Grimon" et "Pierre Eyquem".
Ms. 738 (I), fol. 92.

III.-16. 1492, 15 mars. Vente faite par "Johan Cirac, de la parropia de Martia en Benauges", à "noble home Grimon Ayquem, senhor de las maisons nobles de Montanhe et de Bebeyo, en Peyrigort", de ses biens, "tant en la terra de Montrabel que ailhors".
Ms. 738 (I), fol. 98.

III.-17. 1493, 26 mars. Vente par un certain "Boyreau" à "Grimon Ayquem".
Ms. 738 (I), fol. 99.

III.-18. 1494, 17 mai. Obligation consentie par "Huguet Baudusseau, masson, et Guyraude de Sainctorens, sa femme", à "Johan de Labat, marchant, facteur de Grimon Ayquem".
Ms. 738 (I), fol. 122.

III.-19. 150?, 3 mars. Accord conclu, devant Pierre Palot et Jacques "Biosset", conseillers au Parlement, par "Grymond Ayquem, seigneur de Montaignes", et "Berthomé de Dieuzaide, seigneur d'Acuilhe".
Ms. 738 (II), fol. 1.

III.-20. 1505, 4 mars. Note au sujet de la ratification par "Pierre et Marsaule Papessus" des échanges faits par Grimon Eyquem et "Jean de Papessus, dit le Gros".
Ms. 738 (II), fol. 4.

III.-21., 1505, 22 septembre. Bail à fief à Grimon Ayquem par les jurats de Bordeaux : "Nolot de Revesque, Johan de La Vie, Arnaud Miqueu, Berard Colom, Johan Gimel", etc., "congregatz en la maison commune", de "dues places de terra, contenans cascuna vingt pes de large... en la parropia de Puchpaulin, sous la fossat de Campauri. Copie vidimée.
Ms. 738 (II), fol. 6.

III.-22. 1507, 28 avril et 6 juillet. Lettres d'anticipation accordées à Grimon Ayquem dans le procès qu'il a contre Jean II de Foix, archevêque de Bordeaux, 28 avril 1507.-Congé pour cette même affaire accordé audit Grimon.
Ms. 738 (II), fol. 7-8.

III.-23. 1508, 7 novembre. Echanges divers faits entre Grimon Ayquem et Bernard Dufleys, à la suite de la succesion de "Ferraignes", mère dudit Grimon.
Ms. 738 (II), fol. 9.

III.-24. 1508, 10 novembre. Reconnaissance faite à Laurent "Marin", procureur de Grimon Ayquem, par "Nathalis Brun", agissant en son nom et au nom de Huguet, Michelle et Jeanne, ses frères et soeurs.
Ms. 738 (II), fol. 10.

III.-25. 1510, 19 juillet, 6 septembre et 6 novembre. Requête adressée par Grimon Ayquem au Parlement, dans son procès contre "Berthomé de Dieuzaide" 19 juillet 1510. Arrêts rendus par le Parlement dans cette affaire.
Ms. 738 (II), fol. 11-15.

III.-26. 1511, 9 novembre. Bail à ferme d'une terre consenti par Grimon Ayquem à "Robert Bordin". Ms. 738 (II), fol. 16.

III.-27. 1512, 11 mars et 4 juin. Arrêt du Parlement qui ordonne à Grimon Ayquem de payer à "Jehan Mothors, escuier, Guillaume de Lommeau" et Antoine de "Montberon" la somme qui avait été déposée entre ses mains en vertu d'un arrêt rendu dans l'affaire de "Charles de La Tremoille, prince de Talmond, Loyse de Coictivy, dame de Taillebourg" et ledit de "Montberon", et exécuté par le conseiller "Bertrand de Chassaignes, seigneur de Sainct-Fort", 11 mars 1512.-Déclaration de Grimon Ayquem au sujet du payement de cette somme. 4 juin 1512.
Ms. 738 (II), fol. 17-18.

III.-28. 1513, 16 décembre. Sentence des élus de Périgueux reconnaisant qu'un métayer de Grimon Ayquem, nommé "de Papassus", est exempt de tailles.
Ms. 738 (II), fol. 19.

III.-29. 1516, 17 janvier. Vente faite à Grimon Ayquem par "Margot du Cheroux, femme de Nadault Gandoix".
Ms. 738 (II), fol. 35.

III.-30. 1516, 24 février. Sentence d'un commissaire du Parlement de Bordeaux pour la mise à exécution d'une bulle de Léon X, du 1er février 1516, en faveur de Grimon Ayquem.
Ms. 738 (II), fol. 20.

III.-31. 1516, 28 février. Appointement du Parlement de Bordeaux pour Grimon Ayquem, contre Jean de Foix, archevêque de Bordeaux, appelant d'une sentence du sénéchal de Périgord.
Ms. 738 (II), fol. 21.

III.-32. 1519, 18 février. Bulle du pape Léon X en faveur des héritiers de Grimon Ayquem.
Ms. 738 (II), fol. 38.

III.-33. 1522, 26 juin. Quittance délivrée par le receveur de Piere Ayquem à "Pierre de La Farge".
Ms. 738 (II), fol. 41.

III.-34. 1526. Fragment de couverture de registre sur lequel on lit : "1526. Journalier de feu noble Grimon Ayquem, seigneur de Montaigne, au commencement duquel sont unze articles raisonnés de rentes deues aud. seigneur dans les parroisses de Merignac, Blanquefort et ailleurs".
Ms. 738 (II), fol. 47.

III.-35. 1527, 9 novembre. "Vestizon" pour un verger clos de murs à Montravel.
Ms. 2180, II, fol. 6.

III.-36. 1528, 16 juin. Vente faite à Pierre Eyquem par les fils mineurs de feu "Peyrot Marzelier", dûment autorisés.
Ms. 738 (II), fol. 63.

III.-36bis 1528, 15 septembre. Achat par noble Pierre Eyquem, seigneur de Montaigne, contre Pey Gaudrix.
Ms. 739, fol. 1.

III.-37. 1529. Six actes d'échange faits entre Pierre Eyquem et Helies Du Brueilh, dict Verduc, Jehan Du Brueilh, dict le Breigard, Arnauld Du Brueilh, dict le Gros", et "Heliot Du Brueilh, le jeune".
Ms. 738 (II), fol. 64-70.

III.-38. 1529, 2 mars. "Vestizon" pour environ deux jouranaux de terre en labourage à Montravel.
Ms. 2180, X, fol. 18.

III.-39. 1529, 25 octobre. "Vestizon" pour la moitié d'une pièce de terre plantée en vigne, lieu-dit au clan d'Ourgueilh, à Montravel.
Ms. 2180, I, fol. 5.

III.-40. 1529, 25 octobre. "Vestizon" pour une maison (étable, jardin et petit jardin) à Montravel.
Ms. 2180, III, fol. 7.

III.-41. 1529, 25 octobre. "Vestizon" pour une pièce de terre en labourage à Montcarret, lieu-dit à la Dodie.
Ms. 2180, XXVII, fol. 36.

III.-42. 1529, 28 octobre ; "Vestizon" pour maison, jardin et "aisines" à Montcarret, lieu-dit à la Garde ; 1/2 pièce de terre en labourage à Montcarret.
Ms. 2180, XXVIII, fol. 37.

III.-43. 1529, 8 novembre. "Vestizon" pour une pièce de terre et vigne à Montravel, lieu-dit au clan d'Ourgueilh.
Ms. 2180, XXIX, fol. 38.

III.-44. 1529, 11 novembre. "Vestizon" pour une pièce de terre en labourage à Montcaret.
Ms. 2180, XXX, fol. 39.

III.-45. 1529, 17 novembre. "Vestizon" pour une pièce de vigne à Montravel, lieu-dit à Peypie, et pour trois pièces de vigne à Montravel, lieu-dit au clan d'Ourgueilh.
Ms. 2180, IV, fol. 12.

III.-46. 1529, 17 novembre. "Vestizon" pour un petit jardin à Montravel et pour une pièce de vigne à Montravel, lieu-dit au clan d'Ourgueilh.
Ms. 2180, V, fol. 13.

III.-47. 1529, 20 novembre. "Vestizon" : 5/4 de journal de terre à La Mothe-Saint-Paixent, lieu-dit à Calauvines, acheté à Jehan, Arnault et Peyrot Nignons, et [...], et Pierre Faure.
Ms. 2180, LXXXIX, fol. 128.

III.-48. 1529, 24 novembre. "Vestizon" pour maison et jardin à Montravel.
Ms. 2180, VI, fol. 14.

III.-49. 1529, 26 novembre. "Vestizon" pour une pièce de pré à Montravel, lieu-dit à Celles, près de las Planques.
Ms. 2180, VII, fol. 15.

III.-50. 1529, 26 novembre ; "Vestizon" pour une pièce de vignes, achetée à Leounard et Jehannot Villates, père et fils, à Nasteringues, lieu-dit aux vignes de la Brousse.
Ms. 2180, XIL, fol. 63.

III.-51. 1529, 26 novembre. "Vestizon" pour 3 pièces de terre à Nasteringues ; une pièce de vignes à Nasteringues.
Ms. 2180, L, fol. 64.

III.-52. 1530, 1er février. "Vestizon" pour une petite vigne à Nasteringues, village de la Brousse ; 2/3 de journal en labourage à Nasteringues, village de la Brousse ; une petite vigne et une "aulbarède" à Nasteringues, village de la Brousse.
Ms. 2180, LI, fol. 65.

III.-53. 1530, 5 février. "Vestizon" : un journal de terre en labourage à Montcarret, lieu-dit à la Canelle ; 1/3 de journal de terre en labourage à Montravel, lieu-dit à Celles.
Ms. 2180, LXXXVIII, fol. 119.

III.-54. 1530, 8 février. "Vestizon" pour 1/4 de journal de pré environ à Nasteringues, village de la Brousse.
Ms. 2180, LII, fol. 66.

III.-55. 1530, 8 février. "Vestizon" pour une petite vigne achetée à Peironne Fraysse, à Nasteringues, village de la Brousse ; une petite pièce de pré, achetée à Donnete Villate, audit village ; une petite vigne achetée à Marotine Villate, audit village ; une petite pièce de terre "sive canebal", achetée à Donnete Villate, audit village ; une petite vigne, achetée à Donette Villate, audit village ; une petite pièce de terre et bois, achetée à Bertrine Villate, audit village.
Ms. 2180, LIII, fol. 67.

III.-56. 1530, 14 février. “Vestizon” pour une pièce de terre en labourage, à Montcarret, lieu-dit à la Canelle, et un journal de terre, à Montravel, lieu-dit à Celles.
Ms. 2180, VIII, fol. 16.

III.-57. 1530, 17 février. “Vestizon” : 2 pièces de terre en chaume à Nasteringues, lieu-dit à la Faurie.
Ms. 2180, LXVI, fol. 87.

III.-58. 1530, 22 février. “Vestizon” pour une pièce de terre plantée en vigne à Montcarret, lieu-dit à Font-Saint-Pey ; une autre pièce plantée en vigne à Montcarret, lieu-dit à Fourigault ; une pièce de terre en labourage à Montravel, lieu-dit au Maynot.
Ms. 2180, IX, fol. 17.

III.-59. 1530, 22 février. “Vestizon” pour une pièce de pré à Montcarret, lieu-dit à la Vagnat.
Ms. 2180, XI, fol. 19.

III.-60. 1530, 22 février. “Vestizon” pour un journal de terre en labourage à Montcarret, lieu-dit à la Dodie.
Ms. 2180, XXXIII, fol. 43.

III.-61. 1530, 22 février. “Vestizon” pour une pièce de pré à Montcarret, lieu-dit au pré de Lyvagnat.
Ms. 2180, XXXIV, fol. 44.

III.-62. 1530, 22 février. “Vestizon” pour une pièce de pré à Montcarret, lieu-dit le pré de las Planques.
Ms. 2180, XXV, fol. 45.

III.-63. 1530, 23 février. “Vestizon” pour un jardin clos de murs à Montravel.
Ms. 2180, XII, fol. 20.

III.-64. 1530, 24 février. “Vestizon” pour une pièce de terre plantée en vigne à Montravel, lieu-dit au clan d’Ourgueilh.
Ms. 2180, XIII, fol. 21.

III.-65. 1530, 24 février. “Vestizon” pour 2 journaux de terre en labourage à Moncarret, lieu-dit à Manbonoguet.
Ms. 2180, XXXVI, fol. 46.

III.-66. 1530, 24 février. “Vestizon” pour une pièce de pré à Montcarret, lieu-dit à la Pradasque.
Ms. 2180, XXXVII, fol. 47.

III.-67. 1530, 25 février. “Vestizon” pour une petite pièce de terre plantée en vigne à Montravel, lieu-dit au clan d'Ourgueilh ; une pièce de terre au même endroit ; une maison près de Montravel, lieu-dit à Pepie.
Ms. 2180, XVI, fol. 24.

III.-68. 1530, 27 février. “Vestizon” pour un jardin clos de mur à Montravel.
Ms. 2180, XIV, fol. 22.

III.-69. 1530, 27 février. “Vestizon” pour maison et jatdin à Montravel.
Ms. 2180, XV, fol. 23.

III.-70. 1530, 27 février. “Vestizon” pour maison et jardin près de Montravel, lieu-dit à Pepie.
Ms. 2180, XVII, fol. 25.

III.-71. 1530, 27 février. “Vestizon” pour une petite pièce de terre contenant 28 carreaux de journal à Montravel, lieu-dit au clan d'Ourgueilh ; une petite pièce de terre et vigne contenant 1/2 journal de terre et 1/2 quart, au même endroit.
Ms. 2180, XVIII, fol. 26.

III.-72. 1530, 27 février. “Vestizon” pour une pièce de terre et vigne à Montravel, lieu-dit au clan d'Ourgueilh ; une pièce de terre à Montcarret, lieu-dit à la Vagat ; une autre pièce de terre à las Planques.
Ms. 2180, XIX, fol. 27.

III.-73. 1530, 27 février. “Vestizon” pour 1/4 du village de Choisine alias de Leyle à Montcarret.
Ms. 2180, XXXVIII, fol. 48.

III.-74. 1530, 27 février. “Vestizon” : 2 journaux de terre en labourage à La Mothe-Saint-Paixent, lieu-dit le port de Flanjaques.
Ms. 2180, LXXXIV, fol. 113.

III.-75. 1530, 22 février. “Vestizon” : 1/2 pièce de terre en labourage à La Mothe-Saint-Paixent, près le port de Flanjaques.
Ms. 2180, LXXXV, fol. 116.

III.-76. 1530, 28 février. “Vestizon” pour une pièce de terre en labourage à Montravel, lieu-dit à la Garde.
Ms. 2180, XX, fol. 28.

III.-77. 1530, 1er mars. “Vestizon” : Leounard et Heliot Villates dit Canardou, ensemble, le village de la Brousse ; Leounard Villate, une petite pièce de terre, achetée à Pierre Villate, audit village ; Heliot Villate, un quart et 8 carreaux de journal de terre, achetée à Leounard Coyn, audit village ; le même, une petite pièce de vigne achetée à Marotine Villate, audit village ; le même, 1/4 de journal de terre en labourage, achetée à Marcelon Villate, audit village.
Ms. 2180, LV, fol. 69.

III.-78. 1530, 2 mars. “Vestizon” pour 1/4 de journal en labourage à Montravel, lieu-dit au clan d’Ourgueilh.
Ms. 2180, XXI, fol. 29.

III.-79. 1530, 6 mars. “Vestizon” : 2/8 du village de la Brousse que tenait feu Clemens Villate ; Jehannot de la Coste, 3/4 de journal, 6 carreaux 1/2, 1/4 de carreau, en 3 pièces de terre achetées à Estève du Brueilh, audit village.
Ms. 2180, LVI, fol. 70.

III.-80. 1530, 6 mars. “Vestizon” : 1/4 d’une pièce de vigne (soit un journal) à Saint-Pierre-du-Brueilh, lieu-dit à Belaudie.
Ms. 2180, LXXVI, fol. 100.

III.-81. 1530, 9 mars. “Vestizon” : une pièce de terre au Brueilh, lieu-dit au Collinet, près du bourg de Saint-Anthoine-du-Brueilh ; un journal de vignes au Brueilh, lieu-dit à la Belaudie.
Ms. 2180, LXV, fol. 85.

III.-82. 1530, 12 mars. “Vestizon” : un village contenant environ 50 journaux à Sainte Heulaye.
Ms. 2180, LXXVII, fol. 101.

III.-83. 1530, 12 mars. “Vestizon” : un journal ou environ de vigne à Saint-Pierre-du-Brueilh, lieu-dit à Belaudie.
Ms. 2180, LXXVIII, fol. 102.

III.-84. 1530, 14 mars. “Vestizon” pour une pièce de terre et bois à Montravel, lieu-dit au Vivier ; 2 journaux 3/4 de terre en labourage à Montravel, lieu-dit au clan d'Ourgueilh.
Ms. 2180, XXXII, fol. 42.

III.-85. 1530, 17 mars. “Vestizon” : une pièce de terre en labourage à Nasteringues, lieu-dit à las Correges ; Jehan Poyde père, environ un journal de terre en labourage à Nasteringues, lieu-dit à la Faurie.
Ms. 2180, LVII, fol. 71.

III.-86. 1530, 17 mars. “Vestizon” : environ 4 journaux de terre et vignes, à Nasteringues, lieu-dit à la Faurie.
Ms. 2180, LVIII, fol. 72.

III.-87. 1530, 17 mars. “Vestizon” : un journal de terre à Nasterringue, lieu-dit à la Faurie.
Ms. 2180, LXVIII, fol. 88.

III.-88. 1530, 20 mars. “Vestizon” : une pièce de terre à La Mothe-Saint-Paixent, sur le port de Flanjaques.
Ms. 2180, LXXXVI, fol. 117.

III.-89. 1530, 25 mars. “Vestizon” : 3/4 de journal de vignes au Brueilh, lieu-dit à la Belaudie.
Ms. 2180, LXVIII, fol. 89.

III.-90. 1530, 25 mars. "Vestizon" : 1/8 du village que tenait Clement Villate à Nasteringues, à la Brousse.
Ms. 2180, LXIX, fol. 90.

III.-91. 1530, 26 mars. "Vestizon" pour 1/8 du village que tenait feu Clement Villate à Nasteringues, lieu-dit à la Brousse, sauf un petite pièce de vignes vendue à Heliot de Vergues.
Ms. 2180, XLIII, fol. 55.

III.-92. 1530, 30 mars. "Vestizon" pour 1/8 du village de la Brousse à Nasteringues que tenait feu Clemens Villate.
Ms. 2180, XLVIII, fol. ?

III.-93. 1530, 31 mars. "Vestizon" pour un journal de terre en labourage à Nasteringues, village de La Brousse.
Ms. 2180, XLIV, fol. 56.

III.-94. 1530, 31 mars. "Vestizon" : Jehanne Villate, 1/8 du village de la Brousse que tenait feu Cléméns Villate ; Heliot du Vergier, pour lui et pour Audete Gerffec, autre 1/8 dudit village (2/3 pou lui et 1/3 pour Audete Gerffec).
Ms. 2180, LIV, fol. 68.

III.-95. 1530, 31 mars. "Vestizon" : un journal et un quart ou environ de vigne échangée avec Jehan Villate dit Riffault, et Margot des Aymons, sa femme, à Nasteringues, village de la Brousse ; Narde Coyn, une petite pièce de terre et jardin audit village.
Ms. 2180, LXX, fol. 91.

III.-96. 1530, 31 mars. "Vestizon" : 1/4 d'une pièce de terre et vigne (contenant 5 journaux) à Nasteringues, village de la Brousse
Ms. 2180, LXXIX, fol. 103.

III.-97. 1530, 2 avril. "Vestizon" pour 1/4 de journal et 14 carreaux de vignes à Nasteringues, village de la Brousse.
Ms. 2180, XLV, fol. 57.

III.-98. 1530, 2 avril. Vestizon" : 1/4 de journaux ou environ de terre et vignes à Nasteringues, village de la Brousse.
Ms. 2180, LIX, fol. 73.

III.-99. 1530, 2 avril. "Vestizon" : 1/4 d'une pièce de terre et vignes (soit 5 journaux) à Nasteringues, village de la Brousse. 1/4 du village que tenait feu Peyroche Villate au lieu-dit à la Brousse.
Ms. 2180, LX, fol. 76.

III.-100. 1530, 2 avril. "Vestizon" : 4 journaux 1/2 et 8 carreaux de vignes, pré, terres, maison, jardin, "aisines" et "servitatz" ; une pièce de terre, une maison, un jardin, tous à Nasteringues, village de la Brousse.
Ms. 2180, LXI, fol. 78.

III.-101. 1530, 2 avril. "Vestizon" : 1/4 du village que tenait Marsau Villate, au lieu-dit à la Brousse ; 1/4 d'une pièce de terre et pré audit village ; 1/4 d'une pièce de terre et vigne audit village ; 1/4 d'un journal, 1 quart 1/2 et 7 carreaux de terre audit village, achetée par Marsau Villate et Anthony Villate, aux héritiers de feu Jehan Fraysse ; 1/4 d'une petite pièce de terre audit village, acheté par feu Anthony Villate à Bucquent Blanc et Perrine Fraysse.
Ms. 2180, LXII, fol. 79.

III.-102. 1530, 2 avril. "Vestizon" : 3 journaux 1 quart 6 carreaux de terre, en 2 pièces, à Nasteringues, village de la Brousse ; une maison, jardin, "aisines" et vignes audit village ; une petite pièce de pré audit village.
Ms. 2180, LXIII, fol. 80.

III.-103. 1530, 18 avril. Réglement du litige qui opposait Pierre Eyquem aux familles Ferrieres et Farniers.
Ms. 2180, XCV, fol. 104.

III.-104. 1530, 21 avril. "Vestizon" : une pièce de terre et "aulbarède" à Sainte-Heulaye, lieu-dit au pas de la Vergne ; 2 journaux de terre à Saint- Pierre-du-Brueilh, lieu-dit à Colinet.
Ms. 2180, LXXX, fol. 106.

III.-105. 1530, 6 mai. "Vestizon" : Un journal 1/4 et 6 carreaux de terre en labourage, en 2 pièces, à Nasteringues, village de la Brousse.
Ms. 2180, LXXI, fol. 92.

III.-106. 1530, 6 mai. "Vestizon" : 2 pièces de terre en labourage contenant 3 quarts et la 1/2 d'un quart de journal, à Nasteringues, village de la Brousse.
Ms. 2180, LXXII, fol. 93.

III.-107. 1530, 6 mai. "Vestizon" : 2 pièces de terre en labourage contenant 3 quarts 11 carreaux de journal, à Nasteringues, village de la Brousse.
Ms. 2180, LXXIII, fol. 94.

III.-108. 1530, 31 mai. "Vestizon" pour maison et jardin à Montravel.
Ms. 2180, XXII, fol. 30.

III.-109. 1530, 31 mai. "Vestizon": 1 journal, 1 quart, 4 carreaux de terre, en 3 pièces, à Nasteringues, village de la Brousse.
Ms. 2180, LXXIV, fol. 95.

III.-110. 1530, 2 juin. "Vestizon" pour une pièce de terre en labourage à Montcaret, lieu-dit au Prevost alias à la Dodie ; une pièce de terre à Montcaret, lieu-dit au pré de maistre Pey Durand ; une pièce de terre à Moncaret, lieu-dit à la Mothe de Grana.
Ms. 2180, XXXIX, fol. 50.

III.-111. 1530, 6 juin. "Vestizon" pour une pièce de terre plantée en vignes à Nasteringues, village de la Brousse, lieu-dit à la Croix ; une pièce de terre au village de la Brousse, soit en tout, un journal 1 quart 1/2 et 10 carreaux de terre.
Ms. 2180, XLVI, fol. 59.

III.-112. 1530, 7 juin. "Vestizon" : une pièce de terre à Montravel, lieu-dit à Garde.
Ms. 2180, LXXXIII, fol. 110.

III.-113. 1530, 11 juin. "Vestizon" pour 1/2 du village de la Brousse (contenant environ 12 journaux) que Marsau Villate tenait de Pierre Eyquem, sauf une petite pièce de terre vendue à messire Leounard Masmontet ; un journal de terre et bois acheté à Jehan Villate à Nasteringues, village de la Brousse ; une pièce de terre audit village.
Ms. 2180, XLVII, fol. 59.

III.-114. 1530, 12 juin. "Vestizon" : 12 journaux ou environ à Nasteringues, village de la Brousse ; 1/4 de journal, 1 quart 1/2, 7 carreaux de terre, en 3 pièces, audit village.
Ms. 2180, LXIV, fol. 81.

III.-115. 1530, 12 juin. "Vestizon" : 2 pièces de terre à Nasteringues, village de la Brousse ; 25 carreaux de terre audit village.
Ms. 2180, LXXV, fol. 96.

III.-116. 1530, 16 juin. "Vestizon" pour un petit jardin contenant environ 2,5 carreaux de terre au "marcadilh" de Montravel.
Ms. 2180, XXIII, fol. 31.

III.-117. 1530, 20 juin. "Vestizon" pour maison, basse-cour et jardin dans les faubourgs de Montravel.
Ms. 2180, XXVI, fol. 35.

III.-118. 1530, 13 octobre. "Vestizon" pour 1/2 journal et 1/2 quart de terre et vigne à Montcarret, village de Beauvillain.
Ms. 2180, XXIV, fol. 32.

III.-119. 1530, 9 novembre. Hommage à l'archevêque de Bordeaux de la terre et château de Montaigne.
A. D. G 304. Edité : *A. H. G.*, X, 1868, p. 174-175.

III.-120. 1531, 7 janvier. "Vestizon" pour 26 carreaux de journal de terre et vigne à Montravel, lieu-dit au clan d'Ourgueilh ; 6 carreaux de vigne au même endroit.
Ms. 2180, XL, fol. 51.

III.-121. 1531, 18 janvier. "Vestizon" pour 1/4 de journal ou environ à Montcaret, lieu-dit au clan d'Ourgueilh.
Ms. 2180, XLI, fol. 52.

III.-122. 1531, 28 janvier. Réglement entre Pierre Eyquem et Léounard de Noix, prêtre à Montravel.
Ms. 2180, XCIV, fol. 33.

III.-123. 1533, 23 janvier. "Vestizon" : une pièce de terre en labourage et granges à La Mothe-Saint-Paixent, au Bourdila près la Poussecte.
Ms. 2180, LXXXVII, fol. 118.

III.-124. 1533, 29 janvier, 17 février et 18 mars. Ventes faites à Pierre Eyquem par Pierre de "Nogaret et demoiselle Marie de La Porte, sa femme".
Ms. 738 (II), fol. 79-81.

III.-125. 1533, 2 mars. "Vestizon" pour 1/4 de journal planté en vignes à Montravel, lieu-dit à Font-Rigault.
Ms. 2180, XLII, fol. 53.

III.-126. 1533, 17 août. Présentation faite par Antoine Perreau, procureur de Raymond Eyquem, de l'acte par lequel Pierre Eyquem et Arnaud Fourcade, patrons d'une vicairie de l'église paroissiale de Lahontan, avaient nommé led. Raymond Eyquem à cette cure vacante par la mort de Jean de Pechault, "de Podio alto".
Ms. 738 (II), fol. 82-83.

III.-127. 1533, 25 novembre. Lettres de Guillaume Cajot, vicaire général de l'archevêque d'Auch, par lesquelles Raymond Eyquem est nommé curé de Lahontan, malgré le refus de l'évêque de Dax.
Ms. 738 (II), fol. 83.

III.-128. 1534, 24 avril. Sentence du juge de Montravel, en faveur de Pierre Eyquem, contre Peyronne "Pasquaulx".
Ms. 738 (II), fol. 84.

III.-129. 1540, 11 avril. "Vestizon" pour un jardin à Montravel ; une pièce de terre en bois à Montravel, lieu-dit au Vivier.
Ms. 2180, XXV, fol. 34.

III.-130. 1547, 20 décembre. Croissement de rente et reconnaisance pour Bertrand Courcelle et Denyse Veyrine sa femme, habitants de La Mothe-Saint-Paixent.
Ms. 2180, XCVI, fol. 133.

III.-130bis. 1548, 12 juin. Quittance donnée à Pierre Eyquem par Jeanne Eyquem, sa soeur, veuve de maître Nicolas Du Grain, en son vivant secrétaire du Roi, pour ce qui lui revenait de la succession de leurs parents décédés "Frymond" Eyquem et Jeanne Dufour.
Ms. 739, fol. 123.

III-131. 1550, 19 janvier. Testament de "Jehanne Eyquem, vefve de feu maistre Nycolas Dugrain, en son vivant notaire et secrétaire du Roy".
Ms. 738 (II), fol. 136.

III.-132. 1550, 22 février. "Vestizon" : 1/2 par indivis d'une pièce pâturage à Saint-Michel, village de la Charlie ; 1/2 par indivis du 1/5 d'une autre pièce de terre en pâturage au même endroit.
Ms. 2180, XCI, fol. 153.

III.-133. 1550, 22 février. "Vestizon" : 1/4 d'une pièce de vigne (contenant 2 journaux) à Saint-Michel, village de la Charlie.
Ms. 2180, XCII, fol. 154.

III.-134. 1550, 22 février. "Vestizon" : 1/4 d'une pièce de vigne à Saint-Michel-de-Montaigne, village de la Charlie.
Ms. 2180, XCIII, fol. 154v°.

III. 135. 1554, 8 décembre. Autorisation donnée par l'archevêque de Bordeaux, François de Mauny, à Pierre Eyquem de fortifier son château de Montaigne.
Ms. 738 (III), fol. 20.

III. 136. 1555, 24 octobre. Lettres d'appel au parlement de Bordeaux d'une sentence du sénéchal de Périgord, pour Pierre Eyquem, contre "frère François de Touchebeuf, chevalier de l'ordre de Sainct-Jehan de Hierusalem et commandeur de Condat".
Ms. 738 (III), fol. 19 et 58.

III.-137. 1555, 18 décembre. Vente faite par Pierre Ayquem à "Gailhard de Lalande, dit Gailhotin".
Ms. 738 (III), fol. 60.

III.-138. 1556, 26 mars. Obligation faite par "Pey de Soulesse" à "Pierre Eyquem, seigneur de Gaujac".
Ms. 738 (III), fol. 21.

III.-139. 1556, 28 mars. Ordonnance de "Gabriel Gentilz, conseiller du Roy", chargé de l'exécution d'un arrêt rendu, en faveur de Pierre Eyquem, contre François de Mauny, archevêque de Bordeaux.
Ms. 738 (III), fol. 23.

III.-140. 1557, 24 janvier. Accord conclu entre Pierre Ayquem et "Jehannicot Vilatte", au sujet d'un différend "qu'ilz avoient entre eulx de partaige, pour raison du vilage appellé de La Brosse" paroisse de "Natherengues" (Nastringues).
Ms. 738 (III), fol. 61.

III.-141. 5 mars 1557. "Vestizon" : 3 journaux moins 5 carreaux de journal de terre labourable à Sainte-Heulaye, lieu-dit à la Violle.
Ms. 2180, LXXXI, fol. 107.

III.-142. 1557, 5 mars. "Vestizon" : une pièce de terre labourable à Sainte-Eulaye, lieu-dit à la Violle.
Ms. 2180, LXXXII, fol. 107.

III.-143. 1557, 12 mai. Vente par Gailhon Alard, habitant au "mercadilh" de Montravel, à Jehanne Eyquem, veuve de Nicolas Dugrain, d'une rente foncière d'un denier tournois sur une pièce de vigne à Montravel, et d'une autre rente foncière se montant à 2 sous

tournois sur une maison au mercadilh de Montravel, moyennant 2 sous tournois.
Ms. 2180, XCVII, fol. 35.

III.-144. 1557, octobre. Lettres concernant l'affectation des magistrats de l'ancienne Cour des Aides de Périgueux [...] Second président, [...] Michel de Montaigne.
A. D., IB38, fol. 34v°.

III.-145. 1558, 24 février. Procès-verbal de présentation à l'"assemblée du ban et arrière ban de la seneschaucée de Perigort de Pierre Eyquem, "lequel a dict ne pouvoir faire le service personnel".
Ms. 738 (III), fol. 63.

III.-146. 1558, 27 mars. Transaction entre "Arnauld et Marguerite de Nogeret, frere et soeur", et "Berthomyeu Vidault, mary de lad. Marguerite", d'une part, et Pierre Eyquem, de l'autre.
Ms. 738 (III), fol. 65.

III.-147. 1558, 29 mars. "Vestizon" : 10 pieds de long et 14 pieds de large d'une maison au bourg de La Mothe-Saint-Paixent.
Ms. 2180, XC, fol. 135.

III.-148. 1558, 1er juin. Vente faite à Pierre Ayquem par Durand "Peyrignauld".
Ms. 738 (III), fol. 67.

III.-148bis. 1559, 11 avril. "Appointement pour le sieur de Montangne contre Bernard Boutin, dit Le Mersier".
Ms. 739, fol. 180.

III.-149. 1560, 26 mars, 6 août, 21 et 22 novembre. Ventes faites à Pierre Ayquem par "Leonard Farnier et Catherine Villatte, sa femme", 26 mars 1561.-par "Anthoine de Sainct-Julien et Jehanne Fraysse, sa femme", 6 août et 22 novembre 1560.-par Leonard Duvergier, 21 novembre.
Ms. 738 (III), fol. 69-71, 73-74.

III.-150. 1561, 22 mai. Bail à ferme d'un pré consenti, au nom de Pierre Eyquem, à "Pey Bert et Jehan Allard".
Ms. 738 (III), fol. 72.

III.-151. 1561, 10 novembre. Vente faite par "Bernard Buysson, dit Pinchorlet", à Pierre Eyquem.
Ms. 738 (III), fol. 90.

III.-152. 1562, 6 avril. Arrêt du Parlement de Bordeaux au rapport de Michel de Montaigne, entre François de Verneuil, appelant des juges présidiaux de Périgueux, d'une part, et maître Guillaume, prêtre, et Martial de Verneuil, appelés, de l'autre.
A. D. IB, liasse 190, pièce 84.-Edité : *A. H. G.*, XXVIII, 1893, p. 143, n° LVI.

III.-153. 1563, 15 mai. Arrêt du Parlement de Bordeaux au rapport de Michel de Montaigne, entre Catherine d'Abadie, appellante du sénéchal d'Albret, d'une part, et Marie Ducom et Simon d'Abadie, son mari, intimés, d'autre.
A. D. IB liasse 191, pièce 149.-Edité : *A. H. G.*, XXVIII, 1893, p. 144, n° LVII.

III.-154. 1563, 2 juin. Testament de Raymond Eyquem de Montaigne, sieur de Bussaguet, oncle de Montaigne.
A. D. 3E 4456.
Catalogue (1933), 27.

III.-155. 1563, 19 juillet. Arrêt du Parlement de Bordeaux signé par Montaigne et La Boétie.
A. D. IB Liasse 193, pièce 218.

III.-156. 1563, 24 juillet. Arrêt du Parlement de Bordeaux au rapport de Michel de Montaigne, entre Jean Vernet et Pierre Viaut, appelans des juges présidiaux de Saintes, d'une part, et Mathieu Salesse, marchand d'Hiers, tant en son nom que comme ayant droit cédé de Christophe de Vignoles, appelés, d'autre.

A. D. IB liasse 193, pièce 273.-Edité, *A. H. G.*, XXVIII, 1893, p. 145, n° LVIII.
Catalogue (1933), 26.

III.-157. 1563, 14 août. Testament d'Estienne de La Boétie.
Ms. 738 (III), fol. 78.

III.-158. 1563, 28 août. Don de diverses terres fait par "Marcial Boutyn" à Pierre Eyquem.
Ms. 738 (III), fol. 79.

III.-159. 1563, 24 décembre. Arrêt du Parlement de Bordeaux au rapport de Michel de Montaigne, entre Mathieu Salesse, demandeur en exécution d'arrêt, d'une part, et Jean Vernet, défendeur, d'autre.
A. D. IB liasse 129, pièce 223.-Edité : *A. H. G.*, XXVIII, 1893, p. 145-147, n° LIX.

III.-160. 1564, 17 mars. Notification d'une donation faite à Pierre Eyquem par Marcial "Boutyn".
Ms. 738 (III), fol. 76.

III.-161. 1564, 18 avril. Arrêt du Parlement de Bordeaux au rapport de Michel de Montaigne, entre Jean de La Barthe, sergent royal, appelant des juges présidiaux de Dax, d'une part, et Jean de Viverois, appelé, d'autre.
A. D. IB liasse 203, pièce 96. Edité : *A. H. G.*, XXVIII, 1893, p. 147, n°LX.

III.-162. 1565, 11 mars. Vente de terre faite par "Leonard de Lafaye" à Pierre Eyquem.
Ms. 738 (III), fol. 80.

III.-163., 1565, 2 mai. Commission à Eyquem de Montaigne de se rendre en Saintonge.
A. D. IB9, fol. 113.

III. 164. 1565, 25 mai. Bail à ferme du "pré de l'Auditeur", consenti par "Jehanot Danglade, bourdelier de monsr. de Montaigne" à "Martin Arnauld".
Ms. 738 (III), fol. 82.

III.-165. 1565, 28 mai. Bail à ferme d'un moulin à eau, sis à "Merignac", consenti par "Jehanot Danglade, bourdelier de monsr. de Montaigne" à "Jehan Agion, le vieulx".
Ms. 738 (III), fol. 83.

III.-166. 1565, 22 septembre. Contrat de mariage de Michel Eyquem de Montaigne et de Françoise de Lachassaigne.
A. D. 3E 4457, fol. 154 et s.-Edité : *A. H. G.*, X, 1868, p. 163-167.

III- 167. 1565, 22 septembre. Deuxième rédaction de ce contrat.
A. D. 3E 4457, fol. 114 et s.-Edité : *A. H. G.*, X, 1868, p. 167-171.
Album Montaigne, II, dernier feuillet du contrat.

III.-168. 1565, 22 septmebre. Caution fournie par Joseph de Lachassaigne pour la dot de sa fille
A. D. 3E 4457, fol. 148 et s. Edité : *A. H. G.*, X, 1868, p. 171-173.

III.-169. 1566. Donation en faveur de noble Pierre Eyquem, seigneur de Montaigne, par Arnaud de Nogaret, écuyer, demeurant à Montravel, de terres situées dans la paroisse de Montcaret.
A. D. G 151.

III. 170. 1566, 5 avril. Procuration par laquelle noble monsieur maistre Michel Eyquem de Montaigne charge Arnau de Laplace, procureur en la cour du sénéchal de Guyenne, de requérir en ladicte cour l'insinuation de la donation faite en faveur de son mariage par Pierre Eyquem de Montaigne, seigneur dudit lieu, son père.
A. D. 3E 4457, fol. 30.-Edité : *A. H. G.*, X, 1868, p. 176, note 1.

III.-171. 1566, 22 mai. Procuration donné par Michel de Montaigne
A. D. 3E 4457, fol. 36-37.-Edité-. *A. H. G.*, X, 1868, p. 175-176.

III.-172. 1566, 5 juin. Insinuation faite, devant Pierre de Marquessac lieutenant général de la sénéchaussée de Périgueux, par Jean Audebert, procureur de Pierre Eyquem, de la donation faite par ce dernier à son fils Michel Eyquem de Montaigne, à l'occasion de son mariage.
Ms. 738 (III), fol. 86.

III.-172bis. 1566, 24 novembre. Contrat de mariage de Thomas de Montaigne (1535-1602), l'un des frères de Michel de Montaigne, avec Jacquette d'Arsac, belle-fille d'Etienne de La Boétie.
Ms. 2178, acquis à à la librairie Sèze (Périgueux), en 1992, pour 2000 F.

III.-173. 1568. Feuillet d'une ancienne couverture sur lequel on lit "1568. Memorial des affaires de feu Messire Michel de Montaigne, après le décès de monsieur son père, n° 255, cotté V".
Ms. 738 (III), fol. 107.

III.-174. 1568, 22 août. Transaction conclue par Michel Eyquem de Montaigne avec ses frères, Thomas, Pierre et Arnauld, au sujet de la succession de leur père Pierre.
Ms. 738 (III), fol. 100-104.

III.-175. 1568, 31 août. Accord conclu par Michel de Montaigne avec Antoinette de Loupes, sa mère, au sujet du testament de feu Pierre Eyquem, du 22 septembre 1567.
Ms. 738 (III), fol. 106.

III.-176. 1569, 14 mai. Donation faite par "Huguete Perreau, vefve de feu Leonard Clemens" à Michel de Montaigne, représenté par "Jehan Dumas", son clerc et procureur.
Ms. 738 (III), fol. 109.

III.-177. 1569, 23 mai. Quittance donnée par Antoinette de Loupes à Michel de Montaigne, en présence de Thomas et Pierre de Montaigne, pour "une chayne d'or" que Michel avait trouvée "dans les coffres de sa femme", dans lesquels Arnauld de Montaigne,

seigneur de Saint-Martin, l'avait laissée, mais que ladite Antoinette réclamait comme sa propriété.
Ms. 738 (III), fol. 110.
Catalogue (1957), 152.

III-178. 1570, 23 juillet. Nomination de Florimond de Raymond à l'office de conseiller au Parlement de Bordeaux vacant par la résignation de Michel de Montaigne.
A. D. IB11, fol. 213.-Edité : *A. H. G.*, XXV, 1887, p. 410-411.

III.-179. 1570, 7 septembre. Ratification par "Me Robert Raymond, conseiller en la court présidialle" de la sénéchaussée d'Agenais de la vente faite, le 10 avril 1570, à son fils "Florimond" par Michel de Montaigne de sa charge de conseiller au Parlement.
Ms. 738 (III), fol. 111.

III.-180. 1573, 24 janvier. Insinuation au greffe de Montravel d'une donation faite à Michel de Montaigne, par "Pierre Bernyer, dict Brunaud, et Marguerite Cadis, sa femme".
Ms. 738 (III), fol. 112.

III.-181. 1573, 3 octobre. Lettres de committimus et débités de la chancellerie de Bordeaux pour Michel de Montaigne.
Ms. 738 (III), fol. 113.

III.-182. 1573, 14 décembre. Bail "à tiltre de location", fait par Michel de Montaigne à "Leonard Audebert, bourgeoys et marchant", de "la tour appellée de Brisson, estant au pont Sainct Jehan dudict Bordeaulx".
Ms. 738 (III), fol. 114.

III.-183. 1574, 8 mai. Arrêt du Parlement de Bordeaux sur les lettres d'anticipation obtenues par Michel de Montaigne contre l'appel interjeté par Jean Du Bernet, notaire et secrétaire du Roi, et François Du Bernet, seigneur du Luc, d'une sentence du sénéchal de Guyenne.
Ms. 738 (III), fol. 127.

III.-184. 1575, 11 janvier. Obligation faite par Geoffroy de Montaigne, seigneur de Busseguet, conseiller au Parlement de Bordeaux, à Michel de Montaigne, pour une somme de 871 l. 18 s. t.
Ms. 738 (III), fol. 115.

III.-185. 1575, 11 janvier. Sentence arbitrale portant division des biens de feu Pierre Eyquem, seigneur de Gaujac, entre Michel de Montaigne, Geoffroy de Montaigne, seigneur de Bussaguet, et Robert de Montaigne, chanoine de l'église métropolitaine Saint-André, ses cohéritiers.
Ms. 738 (III), fol. 116-123.

III.-186. 1575, 2 juin. Sentence arbitrale entre Michel de Montaigne, et Geoffroy de Montaigne, seigneur de Bussaguet : le premier rendra au second les armes qui sont en son château de Montaigne.
A. D. G 1729, fol. 132.

III.-187. 1575, 2 juin. Sentence arbitrale rendue par "Joseph d'Eymar" président au Parlement de Bordeaux, et "Guilhaume de La Chassaigne", conseiller à ladite cour, au sujet du réglement de succession que Michel de Montaigne avait fait avec Geoffroy de Montaigne, seigneur de Bussaguet.
Ms. 738 (III), fol. 126.

III.-188. 1577, 3 mai. Arrêt intéressant le fermier du moulin de Peyrelongue, lequel appartient à Michel de Montaigne.
A. D. H 527, n° 16.

III.-189. 1577, 30 novembre. Nomination de Michel de Montaigne par Henri, roi de Navarre, à l'office de gentilhomme de sa chambre ;
Ms. 738 (III), fol. 130.

III.-189. 1581, 13 mars. Lettres patentes de citoyen, noble patricien, octroyées par le Sénat Romain à Michel de Montaigne.-Bordeaux, 1934.
Album de 9 photographies.
A. M. IX-G. /114.

III.-190. 1585, 13 juin. Lettre du maréchal de Matignon à Montaigne, maire de Bordeaux.
A. M. AA 19.
Catalogue (1933), 35.

III.-191. 1583, 15 août. Ordonnance des maire et jurats. Cour criminelle des jurats. Signée par Montaigne, maire, et les jurats.
A. M. FF2.
Catalogue (1933), 31.

III.-192. 1584, 10 décembre. Lettre de Montaigne aux jurats. Souscription et signature autographes.
A. M. BB 185.
Catalogue (1933), 32.

III.-193. 1585, 8 février. Lettre de Montaigne aux jurats. Souscription et signature autographes.
A. M. BB 185.
Catalogue (1933), 33.

III.-194. 1585, 22 avril. Lettre de Montaigne et des jurats à Henri III. Brouillon non signé.
A. M. BB 185.
Catalogue (1933), 34.

III.-195. 1585, 31 juillet. Lettre de Montaigne aux jurats. Souscription et signature autographes.
A. M. BB 185.
Catalogue (1933), 36.-Album Montaigne, IV.

III.-196. 1585, 17 décembre. sentence de la Cour présidiale de Guyenne, qui condamne Michel de Montaigne à faire la reconnaissance féodale de deux pièces de vigne en faveur des bénéficiers de Saint-Michel.
A. D. G 1731, fol. 360.-Edité : *A. H. G.*, XXVI, 1888-189, p. 192-193.

III.-197. 1588, 7 mai. Arrêt du Parlement de Bordeaux en faveur de Michel de Montaigne l'autorisant, par dérogation aux privilèges dont jouissait la ville de Bordeaux, à y introduire 50 tonneaux de vin de Périgord, à charge pour lui de déclarer que ce vin venait de son cru et de le faire conduire par "personnes et mariniers catholiques".
A. D. IB 475, pièce 83. Voir : *A. H. G.*, XIX, 1879, p. 270-271.- Francis Loirette, "Un transport de vin pour le compte de Montaigne en 1588", *Bulletin de la Société archéologique de Bordeaux*, t. LXVI. *Groupe Jules Delpit*. III. Années 1965-1970, Bordeaux, 1972, p. 43-44.

III.-198. 1590, 22 septembre. Insinuation faite à Périgueux par Michel de Montaigne et Françoise de La Chassaigne, sa femme, de leur contrat de mariage.
Ms. 738 (III), fol. 139.

III.-199. 1592, 5 mai. Obligation souscrite par "Jehan Bacquey", habitant de la paroisse de Saint-Michel de Montaigne, en faveur Pierre de Montaigne, sieur de La Brousse.
Ms. 738 (III), fol. 145.

III.-200. 1592. Lettre de consolation à Madame de Montaigne sur la mort de son mari, par Geoffroi de Malvyn.
A. M. ms. 213, fol. 205.-Edité : *A. H. G.* : XXXIV, 1899, p. 323. Catalogue (1933), 41.-Catalogue (1957), 154.

III.-201. 1594, 9 mars. Quittance de la somme de 500 l. délivrée par François de La Tour, en faveur de Bertrand de Montaigne, sieur de Montecoulon.
Ms. 738 (III), fol. 146.

III.-202. 1604, 6 février. Assignation adressé à Françoise de La Chasaigne, dame de Montaigne, sur la requête de Marie Mercade.
Ms. 738 (IV), fol. 7.

III.-203. 1607, 7 mars. Quittance donnée par Claude de Saint-Bernard, prieur du monastère de Saint-Antoine des Feuillants, à Françoise de La Chassaigne, dame de Montaigne, de la somme de 100 l. t., en conséquence de la fondation qu'elle avait faite dans ce monastère pour le repos de l'âme de Michel de Montaigne.-D'autres quittances se trouvent aux fol. 30, 8 août 1612, et 34, 7 novembre 1613.

Ms. 738 (IV), fol. 11.

III.-204. 1610, 2 avril. Arrêt relatif au procès que Pierre Mathias de Montaigne avait, comme héritier de Thomas, son père, avec Françoise de La Chassaigne et Eléonor de La Tour.-Une signification de cet arrêt est au fol. 31.

Ms. 738 (IV), fol. 23.

III.-205. 1777, 5 octobre. Lettre de François de Neufchâteau à l'abbé Desbiey, concernant l'exemplaire des *Essais* conservé aux Feuillants.

A. M. Fonds Delpit, au mot Desbiey.-Edité : *A. H. G.*, LVIII, 1929-1932 p. 105-106.

IV. DOCUMENTS DIVERS. NOTES D'ÉRUDITS

On a regroupé, sous cette rubrique, des documents divers intéressant Montaigne et susceptibles de fournir des renseignements aux chercheurs.

IV.-1. Montaigne, 1533-1933. Album tiré à l'occasion du IVe Centenaire de la naissance de Montaigne, et comprenant un portrait moderne de Montaigne, des documents écrits de sa main ou qui le concernent, les frontispices des éditions parues de son vivant, ceux des livres qui ont fait partie de sa librairie et qui, avec l'exemplaire de Mlle de Gournay sont aujourd'hui la propriété de la Ville de Bordeaux.-Bordeaux, Delmas, 1933 ; -In-2°, 31 cm.
G. F. 740 Rés.-G. F. 740bis Rés.
Musée d'Aquitaine Inv. bibl. 3107 (Cote 40 B).

IV.-2. "Lettre de Pierre Bernadau sur un exemplaire curieux des *Essais* de Montaigne [Exemplaire de Bordeaux], laquelle a été insérée, le 12 novembre 1789, dans le *Journal général de la France*, que publiait à Paris M. l'abbé de Fontenai, avec quelques Notes historiques ajoûtées après l'impression de cette lettre. Bordeaux, 26 août 1789.-Notes sur la lettre précédente".
Ms. 713^{1}, t. XLI, p. 127-130.

IV-3. "Copie d'une lettre insérée dans le *Journal général de la France*, du 12 novembre 1789, et qui est relative à la découverte d'un exemplaire des *Essais* de Montaigne [Exemplaire de Bordeaux], lequel contient de nombreuses additions et corrections originales de la main de l'auteur de cet ouvrage. Bordeaux, 14 juillet 1789".
Ms. 713^{2}, t. XI, n° 2, "Spicilège bordelais" de Pierre Bernadau.

IV.-4. Eloges de Montaigne présentés à l'Académie de Bordeaux.
Ms. 828(CIV), 1-2.

IV.-5. Médaille offerte à l'Académie de Bordeaux par Louis-Charles Mercier Dupaty de Clam, pour le prix du concours sur l'éloge de Montaigne.
Ms. 828 (XXI), n° 17.

IV.-6. Notice imprimée incomplète relative à Montaigne, et en particulier aux portraits de l'écrivain.
Ms. 1583 (20), G.

IV.-7. Notes de M. Cagnieul sur Montaigne.
Ms. 1586.

IV.-8. Notes de Lamontaigne sur Montaigne.
Ms. 1696 (XV), 100^{3}-100^{5}.

IV.-9. Correspondance échangée à l'occasion du IVe centenaire de la naissance de Montaigne célébré à Bordeaux en mars-avril 1933 et documents divers relatifs au même sujet.
Ms. 1822.

IV.-10. Jules Delpit. Notes sur Montaigne.
Ms. 1352.

IV.-11. Cartons Jules Delpit XXXIV (Eyquem) et LXII (Montaigne) : coupures de presse du XIXe.

IV.-12. Fonds Martin. Montaigne. Mélanges biographiques.
A. D. 7J2.

IV.-13. Fonds d'Arlot de Saint-Saud. Notes généalogiques sur la famille de Montaigne.
A. D. 9J84.

IV.-14. Fonds d'Arlot de Saint-Saud. Dossier biographique sur Montaigne.
A. D. 9J368.

IV.-15. R. Dezeimeris, A propos des *Essais* de Montaigne.
A. M. Archives de l'Académie de Bordeaux, 4-A. 8.

IV.-16. Montaigne (Michel de). Gravures, journal.
A. M. Fonds Vivie.

IV.-17. Notes sur Montaigne.
A. M. Fonds Marionneau-Lalanne, dossier 13.

IV.-18. Notes sur Montaigne.
A. M. Fonds Evrard de Fayolle, carton 74, 6175-6183.

IV.-19. Notes sur Montaigne.
A. M. ms. 439, p. 161.

IV.-20. Epitaphe latine de Montaigne. Texte primitif de l'épitaphe gravée sur son tombeau.
A. M. ms. 213, fol. 105V.

IV.-21. Rousseau (Jean-Jacques). Manuscrit autographe sur Montaigne, dans lequel il rend hommage au travail effectué par Marie Le Jard de Gournay pour la publication "post-mortem" des *Essais*.
Ms. 2179, acheté, le 23 avril 1993, à l'Hôtel Drouot.

INDEX DES PROVENANCES

TABLE DES MATIÈRES